INTRODVCTION

A

LA CHRONOLOGIE:

OV

METHODE TRES-FACILE

pour arriuer à la connoissance des
temps par celle des Cycles.

Avec l'Vsage ordinaire des
mesmes Cycles.

A PARIS,

Chez GEORGES IOSSE, ruë Saint Iacques,
à la Couronne d'Espines.

M. DC. LXVII.

TRAICTÉ

POVR LA CONNOISSANCE

DV TEMPS ET DES ANNE'ES.

E temps, ainfi que chacun fçait, eft la mefure du mouvement, felon fes parties fuc-
ceffives ; c'eft à dire, antecedentes & fub-
fequentes : Cette mefure fe prend aujourd'huy du tour des deux principaux Planettes, le
Soleil & la Lune : Le temps, que le Soleil met par fon
mouvement particulier à faire le tour du Ciel, ou
du monde, fait l'année que nous appellons, Solaire ;
& le temps, que la Lune employe par fon mouvement
particulier à faire le mefme tour du Ciel, fait ce que
nous appellons, le mois, dont les douze font une
efpece d'année, que l'on appelle Lunaire.

CHAPITRE I.

De l'année Solaire.

L'Année Solaire eft de deux fortes, l'une exacte,
qui comprend precifément le temps que le Soleil
met à faire fon tour ; Sçavoir 365 jours, 5 heures,
49. minutes, dont les 60. font l'heure, & celle-cy
s'appelle Tropique ; parce qu'elle commence par

l'un des quatre principaux points du Zodiaque; c'est à dire par l'un des deux Equinoxes, ou des deux Solstices, que les anciens appelloient indifferemment τροπαὶ ou conversions.

L'autre année Solaire est moins exacte, & ne comprend pas si precisément le temps que le Soleil met à faire son tour; Mais elle est censée de 365 jours & 6 heures, de sorte qu'elle excede l'année Tropique de onze minutes, cette année s'appelle vulgaire & Iulienne; Iulienne, parce que Iules Cesar luy a donné cours; Vulgaire, parce qu'elle est en usage parmy tout l'Empire Romain.

Cét excez de onze minutes est cause, que l'année Iulienne avance sur la Tropique chaque année de onze minutes, lesquelles par succession de temps estant accumulées peuvent faire une erreur notable. Car en 131 an ou environ, elles font un jour; en 262 ans, deux jours; en 393 ans, trois jours. En effet supposé que l'an Tropique & le Vulgaire, commencent tous deux cette année à la minuit, qui est entre le 20 & 21 de Mars; Dans cent trente-un an ou environ l'année Tropique commencera à la minuit, qui sera entre le 19 & le 20 de Mars, l'année Iulienne demeurant à la minuit entre le 20 & le 21 du mesme mois; & d'icy à 262 ans ou environ, la Tropique commencera à la minuit entre le 18 & le 19 de Mars, deux jours plûtost que la Vulgaire, & ainsi de 131 ans, en 131 ans ou environ.

Car, comme le jour naturel est de 24 heures, & chaque heure de 60 minutes, le jour naturel contient 1440 minutes. Divisez donc 1440 minutes, par 11 minutes, dont l'année Iulienne excede la Tropique, vous avez au quotient 130 $\frac{10}{11}$ qui sont prés de 131 ans pour gagner un jour.

C'est pourquoy l'an 1582 l'on fut obligé de re-

trancher 10 jours de l'année Iulienne ; parce que la
Tropique avoit anticipé cela sur elle, depuis le Concile de Nicée ; c'est à dire en 1300 ans ou environ ; &
ce retranchement fut fait, afin de remettre le veri-
table Equinoxe, qui est celuy de l'an Tropique entre
le 20 & le 21 Mars, d'où il estoit passé entre le 10
& le 11 de Mars ; c'est à dire afin de faire que l'année
Tropique & Iulienne, fussent derechef ajustées
ensemble.

L'année Iulienne derechef est de deux sortes, l'une
commune de 365 jours seulement ; l'autre de 366
jours. Celle-cy s'appelle Bissextile ; Car comme l'année Iulienne est de 365 jours, & 6 heures, on laisse
passer 3 ans sans compter les 6 heures, & à la 4 on
adjouste un jour de 24 heures, qui sont 4 fois 6
heures. On l'appelle Bissextil, parce qu'on adjouste
ce jour entre le 24 & le 25 de Février. & comme à
compter à la façon ancienne des Romains au 24 de
Février, on disoit *sexto Calendas Martij*, ou le sixiéme jour devant les Kalendes de Mars, & que le lendemain, qui estoit ce jour adjousté on disoit de mé-
me *sexto Cal. Martij*, on appella cette année là Bissexte, parce qu'on y comptoit deux fois le sixiéme
des Kal. de Mars.

Mais parce que ces 6 heures de l'année ne sont pas
entieres, & que comme j'ay dit, il s'en faut 11 minutes, il s'ensuit que d'un Bissexte à l'autre, on anticipe sur l'an Tropique de 44 minutes, & en 131
ans d'un jour entier, & ainsi on retomberoit au mé-
me inconvenient, qui fut cause de la reformation du
Calendrier l'an 1582. On y a remedié pour l'advenir
en retranchant trois jours Bissextils en 400 ans, qui
sont environ trois fois 131 ans, & ce retranchement
se fera precisement aux trois premiers centaines de
ces 400. C'est pourquoy l'an 1700. qui devoit estre

Bissextil, ne le sera pas; ny l'an 1800; ny l'an 1900.
Mais bien 2000. derechef l'an 2100, 2200, 2300
ne seront point Bissextils; mais 2400 le sera, & ainsi
consecutivement de 400 en 400 ans.

CHAPITRE II.

De l'année Lunaire.

POur bien entendre qu'elle est l'année Lunaire,
il faut sçavoir ce que c'est que mois; parce qu'elle
est composée de 12 mois.

Le mois est le temps que la Lune met à faire par
son mouvement particulier le tour du Ciel. Il est de
deux sortes, l'un Periodique, qui contient precisement le temps que la Lune met à faire son tour, &
celuy-cy est de 27 iours 7 heures, 43 minutes, & 7
seconds.

L'autre est appellé Synodique, qui contient le
temps que la Lune employe à ratrapper le Soleil,
depuis le moment qu'elle s'en est separée. Car
comme depuis que la Lune s'est separée du Soleil,
celuy-cy avance toûjours son chemin d'Occident
en Orient, & fait presque 27 degrez dans le Zodiaque, tandis que la Lune fait son tour; il faut que
celle cy outre son tour entier fasse encore prés de 27
degrez pour se rejoindre au Soleil: C'est pourquoy
comme elle met à le ratraper 29 jours, 12 heures 44
m. 3 s. &c. le mois Synodique est de 29 jours 12 heu.
44 m. 3 s. & 12 de ces mois Synodiques font l'année
Lunaire, qui est consequemment de 354 jours, 8
heures 48 m. 38 s. ou environ.

Derechef, l'année Lunaire & le mois Synodique
sont de deux sortes: les uns Astronomiques, qui sont

ceux que nous venons de dire, lesquels outre les heures, ont des minutes & des secondes.

Les autres populaires, qui negligent les minutes & les secondes, & font alternativement pour les mois, de 30 & de 29 jours, comme si le mois Synodique estoit simplement de 29 jours 12 heures. Ce qui reste des minutes & secondes, ramassé en heures, est adjousté en certaines années pour accomplir la supputation.

Ces minutes negligées dans 12 Lunaisons, font 8 heures 48 m. 36 s. & dans 2 ans, 8 mois, 20 jours, 16 heures 53 m. 23 s. 37 tier. ou environ, elles font un jour ou 24 heures.

De cette année purement Lunaire, se servent encore aujourd'huy les Arabes, Turcs & Sarrazins, qui se reglent selon le cours de la Lune & non du Soleil; c'est pourquoy le commencement de leur année, n'a point de jour arresté dans l'année Iulienne, comme la nostre, qui commence toûjours le 10 jour aprés le Solstice d'hyver. La pluspart des autres peuples se servent de l'année Lunaire non simple; mais ajustée avec celle du Soleil, par le moyen d'une certaine revolution d'années, & d'Intercalation de quelques mois Lunaires, nous en parlerons aprez.

CHAPITRE III.

De la periode Iulienne.

LA periode Iulienne, est une certaine revolution d'années à commencer par 1. 2. 3. &c. jusques à 7980 ans, aprés lesquelles on recommencera une autre semblable revolution. Cette periode a esté inventée pour rendre la Chronologie plus certaine;

parce que chaque année de cette periode à ses propres Caracteres, qui la distinguent de toutes les autres. En sorte que ces caracteres estant connus, on
connoist aussi positivement l'année, à laquelle ils
conviennent.

Ces caracteres sont les diverses combinations de
trois autres petites revolutions, que l'on appelle
Cycles, dont l'une est pour la Lune, de 19. ans; l'autre
est pour le Soleil, de 28 ans; la troisiéme est pour
l'Indiction, de 15 ans: La premiere s'appelle Cycle
Lunaire; La seconde Cycle Solaire; La troisiéme
Cycle d'Indiction : on attribuë à chaque année Iulienne ces trois Cycles, qui à cause qu'ils peuvent
estre combinez de trois en trois jusques à 7980 fois,
sans que deux combinations soient semblables, de là
vient qu'on a composé la periode Iulienne d'autant
d'années, qu'il y a de diverses combinations de ces
Cycles.

Qu'il y ait 7980. diverses combinations, il est
evident par la regle de Combination; Car si vous
multipliez 19, par 28 vous aurez 532; & derechef,
532 par 15, vous aurez 7980.

La connoissance donc de ces trois Cycles estant si
necessaire, il est important de les expliquer l'un
aprez l'autre.

CHAPITRE IV.

Du Cycle Lunaire.

LE Cycle Lunaire est une revolution de 19 ans,
à commencer par 1. 2. 3. & finissant à 19. aprez
quoy on recommence par 1. 2. &c.

Car comme on a voulu ajuster le cours de la

Lune avec celuy du Soleil, on a tenté diverses voyes
pour trouver quand la Lune pouvoit recommencer
son année en mesme temps, que le Soleil commence
la sienne. Les Grecs y ont le plus travaillé ; au commencement ils se sont servis des Dieterides ; c'est à
dire de l'espace de deux ans ; après de Tetraeterides,
c'est à dire de 4 ans ; aprez de Ogdoeterides ; c'est à
dire, de 8 ans ; de Exdecaeterides, de 16 ans, Mais
toutes ces periodes d'années , n'estant pas trouuées
suffisantes, on s'arresta à l'Enneadecaeteride ; c'est à
dire l'espace de 19 ans, aprés lesquels le Soleil & la
Lune retournent presqu'au mesme point.

L'Autheur de cette Periode fut Meton Athenien,
l'an de la periode Iulienne 4282 ; du monde 3552. La
premiere année de l'Olympiade 87 ; & l'an 433. devant Iesus-Christ.

I'ay dit que le Soleil & la Lune retournent presqu'au mesme point ; parce qu'il s'en manque encore
quelque chose : Car l'année Iulienne est de 365 jours,
6 heures ; or 365 jours, 6 heures, multipliez par
19, font 6939 jours, 18. heures : Et l'année Lunaire
qui est, comme il est dit de 354 jours, 8 heures, 48 m.
38 sec. ou environ, estant multipliée par 19, fait 6732
jours 23 heu. 24 m. 52 s. qui sont environ 228 conjonctions de la Lune avec le Soleil ; il s'en manque
donc des 19 années du Soleil 206 jours, &c. Pour
le supplement desquels on adjouste 7 autres conjonctions Lunaires à ces precedentes, lesquelles 7
Conjonctions font 206 jours, 17 heu. 8 m. 22 s. qui
adjoustez avec 6732 jours 23 heu. 24 m. 52 s. font
6939 jours, 16 heures, 33 m. 4 s ; & 235 conjonctions
Lunaires.

L'addition de ces 7 conjonctions, s'appelle Intercalation, elle se faisoit en certaines années, de
l'Enneadecaeteride, selon l'ordre de Meton ; à sça-

voir la 3. 6. 8. 11. 14. 17. 19. ausquelles années, il y avoit 13 Lunaisons, quoy qu'aux autres il n'y en eut que 12.

Cét ajustement neanmoins de la Lune avec le Soleil n'est pas si exacte, que l'Enneadecaeteride de la Lune, marquée comme dessus, ne soit moindre, que celle du Soleil de une heure, 26 min. 41 sec. que la Lune anticipe sur luy en 19 ans : Et en 315 ans environ 4 mois, elle anticipe d'un jour. Aussi lors qu'on reforma le Calendrier, l'an 1582, on trouva que depuis le Concile de Nicée ; c'est à dire, depuis environ 1260 ans, les nouvelles Lunes anticipoient prez de 4 jours.

Voila succinctement ce que c'est que le Cycle Lunaire qui est une revolution de 19 ans, aprez lesquels la Lune se retrouve presqu'au mesme point que le Soleil, & l'Eglise s'en est toûjours servy, & s'en sert encore aujourd'huy pour ordonner les Festes mobiles, & pour trouver les nouvelles Lunes ; c'est-ce qu'on appelle nombre d'or à cause de sa grande utilité pour ces deux offices, que je viens de dire.

CHAPITRE V.

Du Cycle Solaire.

POur l'intelligence de ce Cycle, il faut remarquer. Premierement, que la commune année Iulienne de 365 jours, se divise par semaines, dont chacune est de 7 jours, qu'on appelle Feries : Ainsi elle est de 52 semaines & un jour, & l'année Bissextile estant de 366 jours, elle a 52 semaines & 2 jours.

Secondement, qu'au Calendrier, les Feries de chaque semaine sont distinguées par les 7 premieres Lettres de l'Alphabet, A, B, C, D, E, F, G. Donnant A, au premier jour de Ianvier; B, au second; C, au troisiéme; Et ainsi consecutivement de 7 en 7 jours, recommençant toûjours par A, jusqu'au dernier jour de l'an, où A se trouve encore, à cause du jour que l'année a pardessus les 52 semaines. De sorte que l'année commune de 365 jours, commence & finit toûjours par une mesme Ferie; Si elle a commencé par un Dimanche, elle finit par un Dimanche; si elle a commencé par un Lundy, elle finit par un Lundy.

D'où il s'ensuit, que quand l'année a commencé, par exemple, par un Dimanche; l'année qui la suit commencera par un Lundy; Et la Lettre qui en celle-là avoit esté la Lettre Dominicale, en celle-cy sera la Lettre du Lundy; & consequemment que si toutes les années estoient communes chacune de ces 7. Lettres Alphabetiques, prises en reculant seroit à son tour le caractere du Dimanche, ou comme on dit la Lettre Dominicale; Car si la premiere année A, estoit la Lettre Dominicale; La seconde année G, la seroit; La troisiéme F; La quatriéme E, &c.

Mais l'année Bissextile qui vient de 4 en 4 ans, trouble cét ordre; car comme elle adjouste un jour à l'année commune, il arrive que cette année-là ne finit pas par la mesme Ferie qu'elle a commencé; mais par la suivante, si elle a commencé par le Dimanche, elle finit par le Lundy; parce que le jour adjousté entre le 24 & le 25 Février, fait que la Lettre qui avoit servy pour Dominicale, change & cede sa place à celle qui la devance en reculant. Car supposé que A, soit la Lettre Dominicale en une année Bissextile, le 19 Février sera A, Dimanche: Le 20. B, Lundy; Le 21. C, Mardy; Le 22. D, Mercredy; Le 23. E, Ieudy; Le 24. F, Vendredy; Le 25. jour adjousté F, encore Samedy; Le 26. G, Dimanche: Par conséquent A, qui avoit esté la Lettre du Dimanche, n'est plus que celle du Lundy, & l'année d'aprés ne sera que celle du Mardy, à cause que dans le Calendrier A, est le premier & le dernier jour de l'année : Et comme dans nostre supposition, le dernier jour de nostre année Bissextile est un Lundy A, le premier iour de la suivante marqué A, sera un Mardy.

Delà vient qu'on ne peut retourner au mesme ordre des Lettres qu'aprés 4 fois 7 ans; c'est à dire, aprez 28 ans : Et c'est-ce que l'on appelle Cycle Solaire, qui est une revolution de 28 ans, aprés lesquels on retourne au mesme ordre des Lettres Dominicales; on l'appelle Solaire; parce que chaque jour de la semaine est assigné à l'un des 7. Planetes, le Lundy à la Lune; Le Mardy à Mars; Le Mercredy à Mercure; Le Ieudy à Iuppiter; Le Vendredy à Venus; Le Samedy à Saturne; Le Dimanche au Soleil.

CHAPITRE VI.

Du Cycle d'Indiction.

LE Cycle de l'Indiction est une periode ou revolution de 15. années, aprés lesquelles on recommence le tour; on ne sçait pas bien pourquoy elle a esté instituée, ny par qui, ny en quel temps; Mais les Souverains Pontifes s'en servent dans toutes leurs Bulles, & les Annalistes Ecclesiastiques Modernes marquent l'Indiction à la teste de chaque année.

Quelques uns l'ont voulu attribuer aux anciens

Romains qui à chaque luſtre, c'eſt à dire, à chaque
cinq années exigeoient un certain impoſt, qui ſe
Payoit au premier luſtre, en or ; au ſecond luſtre, en
argent ; au troiſiéme, en fer : Et aprés trois luſtres ils
recommençoient par tour les meſmes impoſts, d'où
l'on a pris occaſion de faire ces quatre vers.

> *On payoit aux Romains illuſtres*
> *L'or, l'argent, le fer en trois luſtres*
> *Ces trois ſous une diction,*
> *Nous appellons Indiction.*

Il eſt à remarquer que non ſeulement chacune de
ces trois periodes Lunaire, Solaire, & Indiction
s'appelle Cycle ; mais encore chacune de leurs années, par exemple cette année 1666. On dit, Cycle
Lunaire 14. Cycle Solaire 23. Indiction 4. Quoy
que nous ne ſoyons qu'à la 14 année du Cycle Lunaire ; à la 23 du Solaire, & à la 4 de l'indiction.

Or comme ces Cycles ſont les Caracteres des années Iuliennes, il eſt neceſſaire d'enſeigner la methode de les trouver.

CHAPITRE VII.

Vne année de la Periode Iulienne eſtant donnée
trouver ſes Cycles.

IL ne faut que diviſer la ſomme des années donnée par chaque Cycle entier, les quotiens donneront reſpectivement le nombre de chaques Cycles
entiers, qui ſeront écoulez : Et ſi le quotient eſt
juſte, c'eſt à dire, ſi aprez la diviſion il ne reſte rien,
on ſera à la derniere année du Cycle, par lequel on
aura diviſé ; Mais s'il reſte quelque choſe moindre
que le diviſeur, ce reſte ſera le Cycle courant cette

année-là, de la mesme nature qu'aura esté le Cycle diviseur.

Exemple, quels estoient les Cycles courans, l'an 854 de la periode Iulienne.

1. Pour avoir le Cycle Lunaire, je divise 854 par 19 qui est le Cycle Lunaire entier, je trouve au quotient 44 entiers, & 18 de reste ; Donc l'an 854 de la periode Iulienne il y auoit 44 Cycles Lunaires entiers écoulez, & l'on couroit la 18 année du 45. Ainsi le Cycle Lunaire estoit 18.

2. Pour le Solaire, je divise 854 par 28. Cycle Solaire entier, & je trouve au quotient 30 entiers, & 14 de reste ; Donc cette année-là, on auoit déja passé 30 Cycles Solaires entiers, & on couroit la 14 de la 31 Periode, consequemment on avoit 14 de Cycle Solaire.

3. Pour l'Indiction, je divise 854 par 15. Cycle entier d'Indiction, & je trouve au quotient 56. & 14 de reste : qui veulent dire 56. revolutions passées, & la 14 année de la 57. consequemment on avoit 14 d'Indiction.

Donc l'an 854 de la periode Iulienne, on avoit 18 de Cycle Lunaire ; 14 du Solaire ; & 14 d'In-diction.

Autre exemple.

L'an 6379 de la periode Iulienne, qui est celle que nous courons l'an 1666 de Iesus-Christ, quels Cycles a-t-on?

1. Pour le Cycle Lunaire, je divise 6379 par 19. j'ay 335. & 14 de reste, donc nous avons 14 de Cycle Lunaire.

2. Pour le Solaire, je divise 6379 par 28, j'ay 227, & 23 de reste.

Pour l'Indiction, je divise 6379. par 15 j'ay 425 entiers & 4 de reste.

Donc l'an 6379 de la periode Iulienne, on a 14 de Cycle Lunaire; 2; du Solaire; & 4 d'Indiction.

Autre exemple.

L'an 6390. 1, Pour le Lunaire, je divise par 19 j'ay 336. & 6 de reste.

2. Pour le Solaire, je divise par 28. j'ay 228. & 6 de reste.

3. Pour l'Indiction, je divise par 15. j'ay 426. & reste o. Donc l'an 6390, de la periode Iulienn oe n aura 6 de Cycle Lunaire; 6 du Solaire; & 15 d'Indiction.

CHAPITRE VIII.

Les trois Cycles estant donnez trouver l'année de la Periode Iulienne, à laquelle ils appartiennent.

1. OSte le Cycle Lunaire du Solaire, en adjoûtant à celuy-cy 28, Cycle entier, s'il est besoin: par le residu multiplie 56, & au produit adjouste le nombre, duquel tu as fait la soustraction : Si cette somme est au dessous de 532. (qui est la periode Victorienne, dont nous parlerons ailleurs.) Elle te donnera l'année de ladite periode Victorienne, à laquelle ces deux Cycles Lunaire & Solaire appartiennent; Mais si elle excede 532; ostes-en 532, autant de fois qu'il se pourra, le residu moindre que 532, sera l'année de la mesme periode, à laquelle ces deux Cycles appartiennent.

2. De l'année Victorienne trouvée, Oste l'Indiction donnée, en y adjoustant 532. s'il est besoin. Divise ce residu par le Cycle entier de l'Indiction, c'est à dire par 15. & parce qui restera de cette division moin-

dre que le diviseur, multiplie 1064. Adjouste au produit le nombre, duquel tu as fait la souftraction de l'Indiction donnée : Et si cette somme excede 7980 qui est la periode Iulienne entiere, ostes en 7980 autant de fois qu'il se pourra, le reste qui sera moindre que ladite periode entiere sera l'année de la mesme periode, à laquelle les trois Cycles donnez appartiennent.

Il est necessaire d'adjouster à l'année Victorienne trouvée 532. Premierement, quand ladite année est moindre que l'Indiction donnée : 2. Quand aprez la division faite par 15. il reste 0.

Exemple ; je veux sçavoir à quelle année de la periode Iulienne appartiennent 18 de Cycle Lunaire ; 14 du Solaire ; & 14 d'Indiction.

1. I'oste 18, Cycle Lunaire de 14, Solaire ; & parce que cela ne se peut, à cause que 14 est moindre que 18, j'adjouste 28, à 14 ; c'est 42. de 42, j'oste 18 reste 24. Par 24. se multiplie, 56 ; j'ay 1344. A quoy j'adjouste 42 duquel j'avois fait la souftraction, c'est 1386. & parce que cette somme excede 532. j'oste 532, de 1386. reste 854. plus grande encore que 532. j'oste donc encore 532. de 854. reste 322. Année de la periode Victorienne, à laquelle appartient 18 de Cycle Lunaire, & 14 de Solaire.

2. De 322. j'oste 14 d'Indiction, reste 308. qui divisez par 15. laissent outre le quotient 8 de reste. Par 8. je multiplie 1604 ; j'ay 8512. à quoy j'adjouste 322. c'est 8834. De cette somme j'oste 7980. reste 854. Donc 18 du Cycle Lunaire ; 14. du Solaire & 14 d'Indiction, sont les propres Cycles de l'an 854 de la periode Iulienne.

Autre exemple.

Soient les Cycles 10, du Lunaire ; 13, du Solaire & 1, d'Indiction.

1. I'oste

1. l'oste 10 de 13 , reste 3 ; par 3 je multiplie 56 ; j'ay 168 ; à quoy j'adjoute 13 ; c'est 181. Et pour ce que ce nombre est moindre que 532 ; c'est l'année 181 de la periode Victorienne, à laquelle appartiennent, 10 du Cycle Lunaire , & 13 du Solaire.

2. De 181 j'oste 1 d'Indiction , reste 180. Qui divisez par 15, donnent 12 & reste 0 : c'est pourquoy à 181 j'adjouste 532. C'est 713. d'où j'oste 1 d'Indiction, reste 712. Qui divisez par 15, laissent 7. Par 7 je multiplie 1064 ; C'est 7448 ; à quoy j'adjouste 713. c'est 8161 : De quoy j'oste 7980, reste 181. Donc l'année 181 de la periode Iulienne est celle à laquelle appartiennent 10 du Cycle Lunaire , 13 du Solaire, & 1 d'Indiction.

Autre exemple.

Cette année-cy de Salut 1666. nous avons 14 de Cycle Lunaire ; 23 du Solaire, Et 4 d'Indiction : En quelle année de la periode Iulienne tombe 1666 de Iesus-Christ ?

1. j'oste 14 de 23 , reste 9. par 9 je multiplie 56, j'ay 504 à quoy j'adjoute 23 , c'est 527 , année de la periode Victorienne.

2. de 527 j'oste 4 d'Indiction . reste 523 , qui divisez par 15 ; laissent 13 , par 13 je multiplie 1064 ; j'ay 13832. A quoy j'adjouste 527 , c'est 14359. De quoy j'oste 7980 , reste 6379. Année de la periode Iulienne, à laquelle respond 1666. Et à laquelle appartiennent 4 de Cycle Lunaire ; 23 du Solaire, & 4 d'Indiction.

La raison de cette operation est évidente ; Car si vous prenez un nombre, qui contienne certain Cycle une ou deux fois, &c. entier, & un autre plusieurs fois, à l'un desquels il ne manque que l'unité pour son integrité ; Et si vous multipliez ce nombre par un autre moindre qu'un Cycle entier ; Il manquera au produit pour l'integrité du Cycle, qui estoit defectueux de l'unité, autant d'unités, qu'il y en a au multipliant : Si donc à ce produit vous adjoustez le nombre, duquel vous aviez fait la soustraction, vous reparerez ce deffaut d'unitez, & de plus vous aurez vostre Cycle, qui avoit esté osté.

Or en la premiere operation, où il ne s'agist que de deux Cycles du Lunaire & du Solaire, nous avons choisi 56 lequel contient deux Cycles Solaires entiers ; car 2 fois 28 font 56. Et contient aussi trois Cycles Lunaires moins une unité ; car 3 fois 19 font 57. Ce 56 au troisiéme exemple a esté multiplié par 9 qui a esté le residu de la soustraction de 14 Cycle Lunaire, faite de 23 Cycle Solaire, & le produit a esté 504, qui contient 27 Cycles Lunaires moins 9 unitez, autant qu'en a le multipliant. En effet il contient 26 entiers & 10 de reste, qui ostez de 19 reste 9. Ce deffaut de 9 vnitez a esté reparé en adjoutant 23 à 504. Et de plus on y adjoute ce qui manquoit à 10 pour faire 14, Cycle Lunaire donné ; Car de 10 jusques à 14 il s'en manquoit 4. En effet, nous avons trouvé que 504 faisoit 26 Cycles Lunaires entiers & 10 de plus, & 23 que nous y avons adjousté contient 19 qui est un Cycle entier, & 4 qui adjoustez à 26 entiers, & 10, font 27 entiers, & 14.

En la seconde operation, nous avons pris pour la mesme raison 1064 parce qu'il contient 38 Cycles Solaires entiers ; 56 Lunaires aussi entiers, & 71 Cycles d'Indiction moins l'unité.

CHAPITRE IX.

Autre Methode.

*Pour trouver les Cycles de chaque année de la
periode Iulienne & 1. le Cycle Lunaire.*

ON n'a pas toufiours la plume ou l'efprit affez
prefent pour diuifer vne fomme d'années propofée : outre que chacun ne fçait pas la regle de la
diuifion : Voicy donc vne methode pour trouuer les
Cycles &c. fans plume & fans Arithmetique : Et
premierement le Cycle Lunaire.

Le Cycle Lunaire, comme nous auons dit eft de
19 ans à commencer par 1. 2. 3. & augmentant chaque année de 1.

Eftendez la main gauche, en forte que le dedans
foit tourné vers vous.

Obfervez que le poulce a trois efpaces, fa fommité, une jointure, & fa racine ; chacun des autres 4
doigts à quatre efpaces, fa fommité, deux jointures,
& fa racine. Tous ces efpaces ramaffez enfemble
font 19 refpondants au Cycle Lunaire.

Mettez donc 1. fur la fommité du poulce ; 2. fur
fa jointure ; 3. fur fa racine ; 4. fur la racine de l'Index ; 5. fur celle du grand doigt ; 6. fur celle de l'annulaire ; 7. fur celle de l'auriculaire ; 8. fur fa jointure
inferieure ; 9. fur fa jointure fuperieure ; 10. fur fa
fommité ; 11. fur celle de l'annulaire : 12. fur celle
du grand doigt ; 13. fur celle de l'Index ; 14. fur fa fuperieure jointure du mefme Index ; 15. fur fa jointure inferieure : 16 fur la jointure inferieure du grand
doigt ; 17 fur celle de l'annulaire ; 18. fur fa jointure

superieure ; 19, sur celle du doigt du milieu ; & voila
le limaçon achevé, & nostre Cycle disposé ; il est
vray que cét ordre est arbitraire, mais aussi il est
plus commode ; la figure suivante le montre.

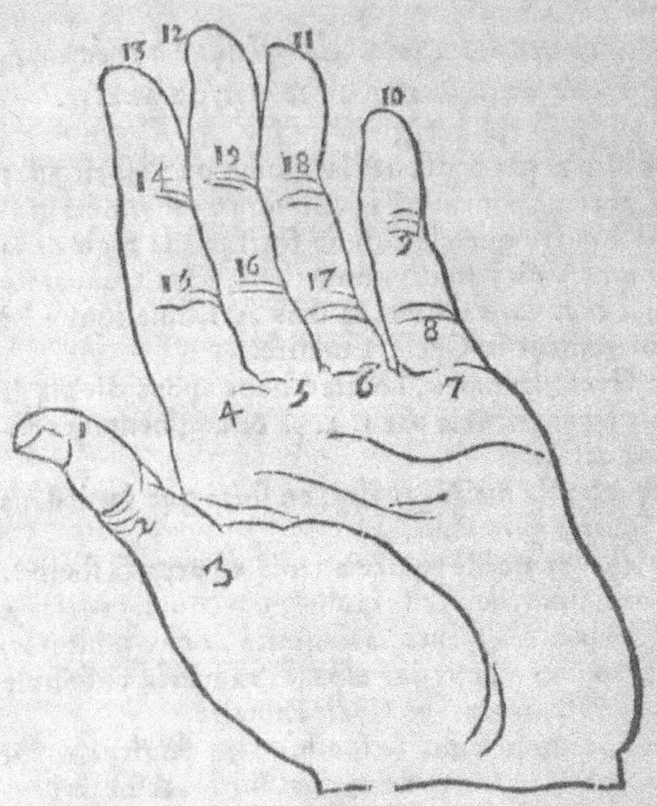

Vne année de la periode Iulienne estant proposée,
comptez cette somme sur la main gauche, suivant
l'ordre des espaces cy-dessus marquez, à commencer
1 sur la sommité du poulce, & poursuivant sur sa
jointure, & apres avoir fait le tour, retournant au
poulce : Car là où la supputation finira, si vous
comptez de là inclusivement jusqu'à la sommité du

poulce incluſivement, vous aurez le Cycle Lunaire
de cette année-là.

Exemple, l'an 28 de la periode Iulienne, combien
y avoit-il de Cycle Lunaire?

Ie compte 28 ſur mes doigts ſuivant l'ordre marqué, & retournant au poulce apres 19, je trouue
que 28 finit ſur la jointure ſuperieure du petit doigt,
d'où juſques à la ſommité du poulce, il y a 9 eſpaces,
Donc l'an 28 de la periode Iulienne, on avoit 9 de
Cycle Lunaire.

Mais parce que ſi la ſomme des années eſtoit
grande, cela ſeroit trop long à compter, voicy le
moyen pour abreger.

1. Comme tous les eſpaces ne ſont que 19, où les
premiers 19 finiſſent, là finiront auſſi tous les autres,
en quelque nombre qu'ils ſoient.

Exemple, 76 qui ſont 4 fois 19, finiroient ſur la
jointure ſuperieure du doigt du milieu; parce que
les premiers 19 y finiſſent.

2. Du lieu où les premiers 19 finiſſent, ſi tu avances 5 eſpaces, tu compteras 100; & chaque 5 eſpaces, que tu avanceras, ſeront autant de centaines.

Exemple, l'an 199. Les premieres 19 tombent
ſur la jointure ſuperieure du doigt du milieu; d'où
je compte 5 eſpaces à commencer par la ſommité du
poulce, juſques à la racine du doigt du milieu, &
là c'eſt 100: là meſme tomberont 95 qui ſont 5 fois
19, aprés j'acheve en diſant 96 ſur la racine de l'annulaire; 97, ſur celle de l'auriculaire; 98, ſur ſa jointure inferieure; 99, ſur ſa ſuperieure.

La raiſon eſt, que 5 fois 19 ſont 95, d'où pour aller
à 100, il ne faut plus compter que 5, & comme pour
100, il ne faut qu'avancer 5, auſſi pour 200, il ne faut
qu'avancer 10, & 15 pour 300.

3. Avancer 1. eſpace, c'eſt compter 400. Car ſi

pour 100, il faut avancer 5; pour 400, il faut avancer 20 : Or 20 est composé de 19 & de 1.

De sorte qu'en la periode Iulienne, les premiers 400 tombent sur la sommité du poulce; 800 sur sa jointure; 1, sur sa racine; 1600 sur celle de l'Index, & ainsi de suite de 400 en 400.

4. Si tu comptes 2000, avance 5 espaces; comme pour 100 & chaque 5 espaces font 2000.

Exemple, cette année cy 6379, je veux sçauoir le Cycle Lunaire courant.

1. Comme en 6000, il y a trois fois 2000. Ie compte depuis la sommité du poulce 3 fois 5 ou 15, qui tombent sur la jointure inferieure de l'Index, où je dis 6000.

2. Pour les 300 je compte encore 3 fois 5, ou 15 qui tombent sur la sommité de l'annulaire, ou je dis 6300.

3. Comme 4 fois 19. font 76. Ie dis sur la mesme sommité de l'annulaire 76, & poursuis jusques à 79, qui tombent sur la jointure superieure de l'Index, où finit ma supputation : & comme de la sommité du poulce jusques-là, il y a 14 espaces, je dis que l'an 6379 &c. nous avons 14 de Cycle Lunaire.

CHAPITRE X.

Pour trouver le Cycle Solaire.

LE Cycle Solaire est de 28. ans.

Estendez la main droite, le dedans vers vous, & sans considerer le poulce, remarquez que les 4 autres doigts ont chacun 7 espaces, la racine interieure; 2 jointures interieures; la sommité;

2 nœuds exterieurs, & la racine exterieure ; & tous
les 4 doigts 28 espaces, car 4 fois 7 font 28 , respon-
dans au Cycle Solaire.

Mettez donc, 1. sur la racine interieure du petit
doigt.

2 , Sur la racine interieure de l'Annulaire.

3 , Sur la racine interieure du doigt du milieu.

4 , Sur la racine interieure de l'Index.

5 , Sur la jointure interieure inferieure du petit
doigt.

6 , Sur la jointure interieure inferieure de l'Annulaire.

7 , Sur la jointure interieure inferieure du grand
doigt.

8 , Sur la jointure interieure inferieure de l'Index.

9 , Sur la jointure interieure superieure du petit
doigt.

10 , Sur la jointure interieure superieure de l'annulaire.

11 , Sur la jointure interieure superieure du doigt
du milieu.

12 , Sur la jointure interieure superieure de l'Index.

13 , Sur la sommité du petit doigt.

14 , Sur la sommité de l'annulaire.

15 , Sur la sommité du doigt du milieu.

16 , Sur la sommité de l'Index.

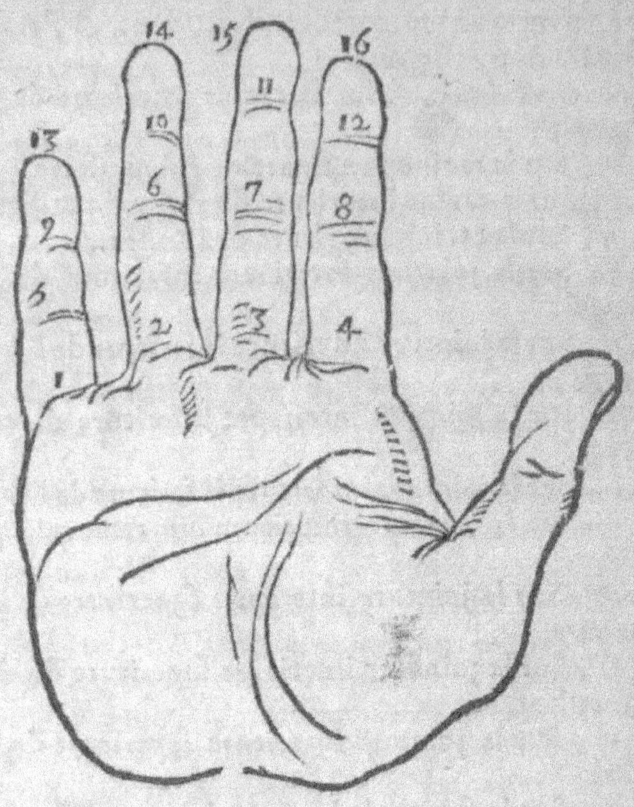

Et ainsi continuant sur l'exterieur de la main, en retournant tousiours au petit doigt, 28 tomberont sur la racine externe de l'Index. Voila le Cycle Solaire distribué de 4 en 4 ans.

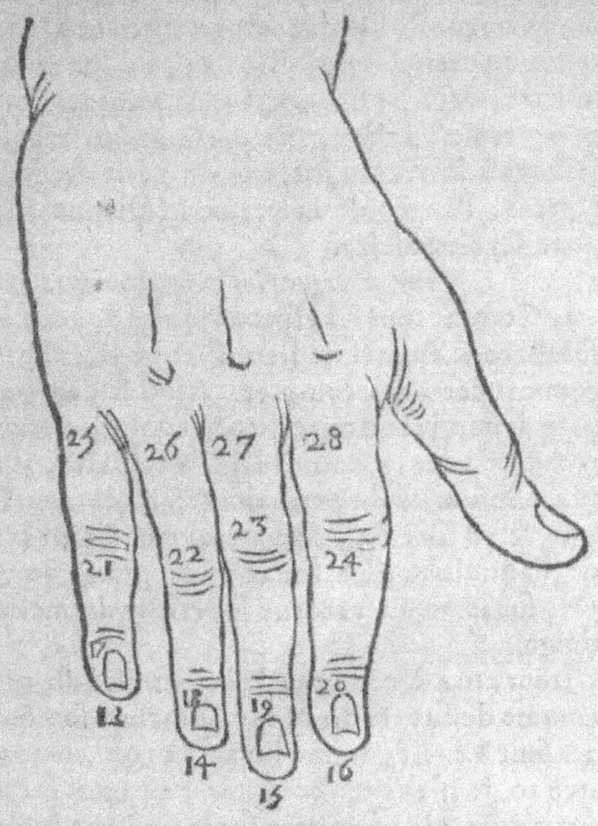

Vne année de la periode Iulienne estant donnée, comptez la somme, suivant l'ordre cy-dessus, à commencer par la racine interne du petit doigt, & apres avoir achevé le tour repassant toûjours à la mesme racine, car là où vostre supputation finira, vous aurez le Cycle Solaire de cette année là, à compter depuis la racine du petit doigt, jusques au lieu où vostre supputation a finy inclusivement.

Exemple, l'an 40 de la periode Iulienne, quel estoit le Cycle Solaire.

Ie compte, en disant 1 sur la racine interne du petit

doigt ; 2 , sur celle de l'annulaire , &c. 28 sur la racine externe de l'Index ; & retournant à la racine interne du petit doigt, je dis 29 ; 30 , sur celle de l'annulaire , &c. Enfin 40, sur la jointure interne superieure de l'Index. Et parce qu'en reculant delà jusques à la racine interne du petit doigt, il y a 12 espaces, l'an 40 de la periode Iulienne on auoit 12 pour Cycle Solaire.

Pour abreger les Supputations.

1. Comme tous les espaces font 28 tous les 28 retomberont au mesme lieu d'où tu dois partir pour commencer à les compter. Ainsi si j'ay 90 à compter depuis la sommité du petit doigt, c'est à dire, à compter 1 sur la sommité de l'annulaire, ie diray 28 sur la sommité du petit doigt; & derechef 28 font 56 ; & 28 font 84, & poursuiuant 85 sur la sommité de l'annulaire, 86 sur celle du grand doigt, enfin 90, sur le nœud externe superieur du mesme grand doigt.

Item, 104 à compter de la sommité du petit doigt comme dessus. Ie diray sur la mesme sommité 3 fois 28 font 84. Et comme jusques à 104, il ne reste plus que 20, je n'ay qu'à compter 5 espaces, sur le mesme petit doigt; le 5 tombera sur la jointure interne inferieure du mesme doigt, la raison en est que 4 fois 5 font 20.

2. Remarque qu'en la periode Iulienne toutes les centaines tombent sur l'Index. La premiere sur sa sommité; La seconde sur sa racine interne : La troisiéme sur son nœud externe superieur ; La quatriéme, sur sa jointure interne inferieure, & ainsi consecutivement de 4 en 4 espaces sur l'Index, ou de 16 en 16 espaces sur toute la main.

La raison de cela est que comme 28 tombe sur la racine externe de l'Index, aussi 3 fois 28 y tombe-

ront; c'est à dire, 84. Or de 84 à 100, il ne manque
que 16. Donc il ne faut qu'avancer 16 espaces pour
avoir 100, & si de là tu avances encore 16, tu auras
200, & 16 encore, auras 300.

Mais pour abreger encore d'avantage.

Remarque que les centaines sont en nombre impair, ou pair; impair comme 100, 300, 500. &c. Pair
comme 200, 400, 800, cela estant.

Si le nombre des années proposées est composé
d'un nombre impair de centaines. Dis, 100 sur la
sommité de l'Index; 300 sur son premier nœud externe; 500 sur son second nœud externe; 700 sur sa
racine externe; 900 sur sa racine interne, & ainsi
roulant sur le mesme index d'espace en espace, tu
avanceras chaque fois de 200.

Si les centaines sont en nombre pair; puisque 200
tombent sur la racine interne de l'Index, chaque
espace que tu avanceras, te fera avancer de 200 comme dessus. Ainsi 400, tombent sur sa premiere jointure interne; 600, sur sa seconde jointure interne;
800, sur sa sommité, &c.

La raison de cela est qu'en ces deux progressions
l'excez est de 200, & comme pour compter 100 il ne
faut qu'avancer 16 espaces; aussi pour compter 200, il
ne faut qu'avancer 32 espaces; Mais, 32 estant composé de 8 & de 4, & les 28 deuant retomber au mesme
endroit où tu estois, il ne faut donc que compter 4,
qui tombent sur l'espace suivant du mesme Index.

Exemple l'an 4608 de la periode Iulienne, quel
Cycle Solaire avoit-on?

Comme, 4600, sont 46 centaines, nombre pair.
Ie dis 200 sur la racine interne de l'Index; & roulant comme dessus d'espace en espace ou de 200 en
200, je trouve 4600 sur la premiere jointure interne de l'Index; & pour les 8 restant, j'avance deux

espaces sur le mesme Index, & je tombe sur sa sommité, & parce que de là jusques à la racine interne du petit doigt, il y a 16 espaces, on avoit 16 de Cycle Solaire l'an 4608 de la periode Iulienne.

Ou bien, parce que chaque espace emporte 200: Si ie partage 46 centaines par 2, j'auray 23 espaces à compter, lesquels feront 46 centaines: Et parce que les espaces de l'Index sont 7, & que trois fois 7 sont 21; je n'ay qu'à avancer deux espaces sur l'Index depuis sa racine externe; puis que c'est de là que je part proprement pour compter, puisque je commence par 200 sur sa racine externe.

Que si le nombre des centaines estoit impair, adjoutez-y une centaine, & partage par moitié, & procede comme dessus.

Exemple soit cette année 6379.

Comme 6300, sont 63 centaines, nombre impair, j'adjoute 1 sont 64, dont la moitié est 32, qui marquent 32 espaces à compter; & parce que 4 fois sept font 28, je n'ay plusque 4 à compter depuis la sommité de l'Index inclusiuement, & le dernier tombe sur sa racine externe, où je dis 6300: Reste à compter 79; je dis au mesme endroit 28 & 28 sont 56; de 56, jusques à 79, il n'y a plus à compter que 23; pour les 20, qui sont 5 fois 4 j'avance 5 espaces, & le cinquiéme tombe sur le premier nœud externe de l'Index, où je dis 20; 21, sur le second nœud externe du petit doigt, 22, sur celuy de l'annulaire; 23, sur celuy du grand doigt. Et comme delà jusqu'à la racine interne du petit doigt il y a 23 espaces. Il s'ensuit que l'an 6379 de la periode Iulienne on a 23 de Cycle Solaire.

CHAPITRE XI.

Pour trouver le Cycle d'Indiction.

LE Cycle eſt de 15. années.
Fermez la main gauche, en la tournant vers vous, en ſorte que la racine du poulce, reſponde à peu prés à la ſommité des doigts couchez ; & ſa ſommité à leurs nœuds.

La main ainſi diſposée vous preſente 15 eſpaces, répondants aux 15 années du Cycle d'Indiction :

La premiere, ſur la ſommité du poulce.

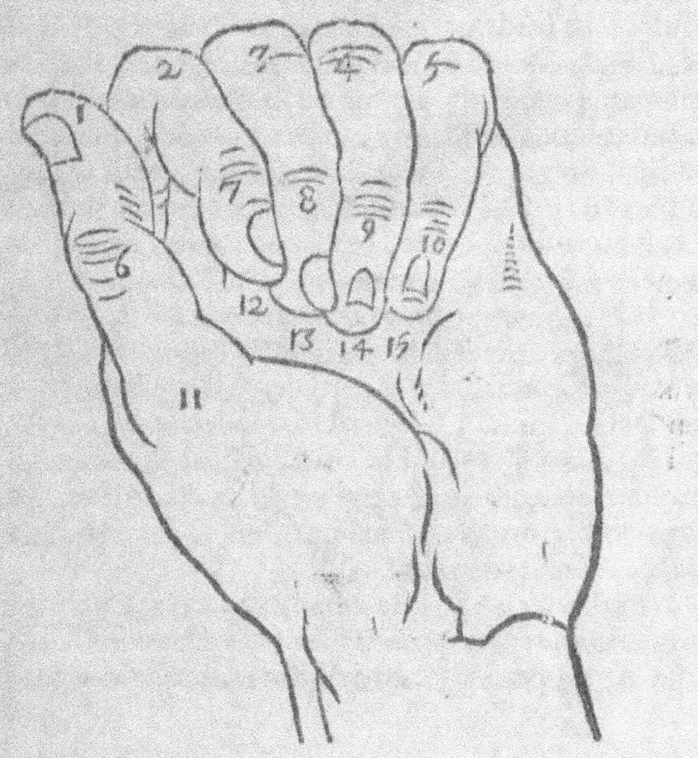

La ſeconde, ſur le premier nœud de l'Index.

La troiſiéme, ſur le premier nœud du grand doigt,

La quatriéme, ſur le premier nœud de l'annulaire,

La cinquiéme, ſur le premier nœud du petit doigt,

La ſixiéme, ſur la jointure du poulce,

La ſeptiéme, ſut le ſecond nœud de l'Index, &c.

Ainſi que montre la figure precedente.

Vne année donc de la periode Iulienne eſtant donnée, comptez la ſomme, à commencer par la ſommité du poulce ſuivant l'ordre marqué, & là où la ſupputation finira, là ſera le Cycle de l'Indiction courant, à compter depuis la ſommité du poulce, juſques à l'eſpace, où vous vous eſtes arreſté incluſivement.

Exemple, l'an 34 de la periode Iulienne.

Ie commence à compter, 1, ſur la ſommité du poulce; 2, ſur le premier nœud de l'Index, & ainſi de ſuite, 15 ſur la ſommité du petit doigt; & retournant au poulce, je dis ſur la ſommité, 16; ſur le premier nœud de l'Index, 17 &c. 30 ſur la ſommité du petit doigt; 31, ſur celle du poulce; enfin 34, ſur le premier nœud de l'annulaire, d'où il y a 4 juſques à la ſommité du poulce, conſequemment l'an 34 de la periode Iulienne on avoit 4 d'Indiction.

Pour abreger.

Remarque, qu'en la periode Iulienne toutes les centaines tombent ſur le petit doigt, la premiere, ſur ſon ſecond nœud; la ſeconde ſur ſon premier nœud, qui eſt celuy d'enhaut; la troiſiéme ſur ſa ſommité; la quatriéme, ſur ſon ſecond nœud; la cinquiéme, ſur ſon premier nœud; la ſixiéme, ſur ſa ſommité, & ainſi conſecutivement.

La raiſon en eſt, que comme tout le Cycle ne contient que 15, & 6 tours ou 6 Cycles, font 90; enfin de 90 pour aller à 100, il ne faut que compter

10 : Or d'vn espace du petit doigt au prochain en re-
montant, il y a toûjours 10 espaces.

2. Puisque toutes les centaines tombent sur le
petit doigt, & que celuy-cy n'a que trois espaces,
enfin que les premiers 300 tombent sur sa sommité,
les 6, les 9, les 12, &c. de trois en trois y tomberont
aussi : Divise donc les centaines qui seront données
par 3, & dis sur la sommité du petit doigt autant de
300, qu'il y aura d'unitez au Quotient, puis acheve
de compter les autres centaines, s'il y en a de
reste.

Exemple, l'an 6379 de la periode Iulienne.

Les 6300 sont 63 centaines, qui diuisez par 3
donnent 21 : Ie dis donc sur la sommité du petit
doigt 21 fois 300 sont 6300. Et pour les 79 ; comme
tout le tour n'est que de 15, & que 5 fois 15 font 75,
je dis sur la mesme sommité 75 ; & retournant au
poulce, je dis 76 sur sa sommité, & 79 tombent sur
le premier nœud de l'annulaire. Et comme delà il y a
4 espaces jusques à la sommité du poulce inclusivement, il s'ensuit que l'an 6379 de la periode Iulién-
ne, nous avons 4 d'Indiction.

Voila briefvement l'explication de la periode Iulienne. Il faudroit mettre icy l'usage des Cycles;
mais nous le reservons ailleurs, pour parler de diverses Epoques. Apres que nous aurons expliqué la
periode Victorienne.

CHAPITRE V.

De la periode Victorienne.

COmme la periode Iulienne resulte de la multiplication des trois Cycles entiers l'un par l'au-

tre; c'eſt à dire de 19, de 28, & de 15; Auſſi la période Victorienne reſulte de la multiplication de deux Cycles Lunaire, & Solaire entiers l'vn par l'autre; c'eſt pourquoy cette période eſt de 592 ans, car 19 fois 28 font 532, apres leſquelles, les meſmes combinations de ces deux Cycles retournent.

Par là il eſt évident que la periode Iulienne contient 15 periodes Victoriennes; Car 15 fois 532 font 7980 qui eſt la periode Iulienne. On l'appelle Victorienne, du nom de ſon autheur Victorius ou Victorinus d'Aquitaine, qui par l'ordre de S Leon Pape, & de S. Hilaire ſon ſucceſſeur, l'an 423 ou environ, travailla à regler le jour de Paſques, & compoſa pour cela cette periode ou Cycle Paſchal de 532 ans.

L'uſage en eſt fort utile pour trouver les années de la periode Iulienne, & celles du monde, comme il ſe voit parce qui a eſté dit cy-deſſus Chap. 8. fol. 9; où nous avons expliqué la methode pour trouver à quelle année de la periode Iulienne appartiennent chaque 3 Cycles donnez; puiſque la premiere operation n'eſt que pour trouver l'année de la periode Victorienne à laquelle appartiennent les deux premiers Cycles; c'eſt à dire le Lunaire & le Solaire. Voicy la table des 15 periodes Victoriennes, qui ſont contenuës dans la Iulienne.

Ordre des per. Iul.	Ans de la perio. Iulienn.	Ans de-uant Ies. Chrift.	Ans du monde.
0	0	4714	0
1	532	4182	0
2	1064	3650	334
3	1596	3118	866
4	2128	2586	1398
5	2660	2054	1930
6	3192	1522	2462
7	3724	990	2994
8	4256	458	3526
		Ere de I. Chrift.	
9	4788	75	4058
10	5320	607	4590
11	5852	1139	5122
12	6384	1671	5654
13	6916	2203	6186
14	7448	2735	6718
15	7980	3267	7250

Il eſt aiſé de connoiſtre par cette Table l'année de la Periode Iulienne, à laquelle trois Cycles donnez appartiennent : Car par la premiere operation du Chapitre 8. il n'y a qu'à trouuer l'année de la Periode Victorienne, à laquelle appartiennent les deux premiers Cycles des trois, c'eſt à dire, le Lunaire, & le Solaire. Cela eſtant trouué, il ne faut qu'ajoûter ladite année, à l'année de la Periode Iulienne de la ſeconde colomne, que tu juges eſtre la plus proche au deſſous de celle que tu cherches : où

C

bien prendre la difference de l'année trouuée d'auec
532, & l'oster du nombre plus proche au dessus, qui
est en la Per. Iulienne : Car cette somme ou ce residu seront l'année de la Periode Iulienne à laquelle
les trois Cycles donnez appartiennent.

Exemple, cette année 1666, nous auons 14 de
Cycle Lunaire; 23 de Solaire & 4 d'Indiction : ie
veux sçauoir à quelle année de la Periode Iul. ils appartiennent.

1. par la premiere operation, ie trouue que 14 de
Lune & 23 du Soleil, appartiennent à l'an 527 de
la Periode Victorienne.

2. Parce qu'il s'agit de 1666 depuis Iesus Christ,
ie trouue que 1666 tombe en la 3 colomne entre
1139 & 1671; & consequemment qu'elle tombe entre
5852 & 6384 de la 2 colomne : Et comme 1139 de
la 3 colomne est au dessous, ou moindre que 1666, &
1671 plus grand que luy ; aussi 5852 est au dessous
de l'année de la Per. Iul. que ie cherche, & 6384 au
dessous ou plus grand.

3. I'ajoûte donc à 5852 les 527 trouuez, j'ay 6379
qui est l'année de la periode Iul. à laquelle les trois
Cycles donnez appartiennent.

I'auray le mesme si j'oste 5, difference de 527 à 532
de 6384.

Par la mesme methode, tu trouueras aussi aisement
l'année du Monde, à laquelle appartiennent ces mesmes Cycles.

Car comme j'ay ajoûté 527 à 5852 de la 2 colomne, ie n'ay qu'à les ajoûter aussi à 5122 de la 4. j'auray
5649, pour l'année du monde, à laquelle les trois
Cycles donnez cy-dessus appartiennent.

Ou bien ie n'ay qu'à oster 5, difference de 527 à
532, de 5654, il restera aussi 5649.

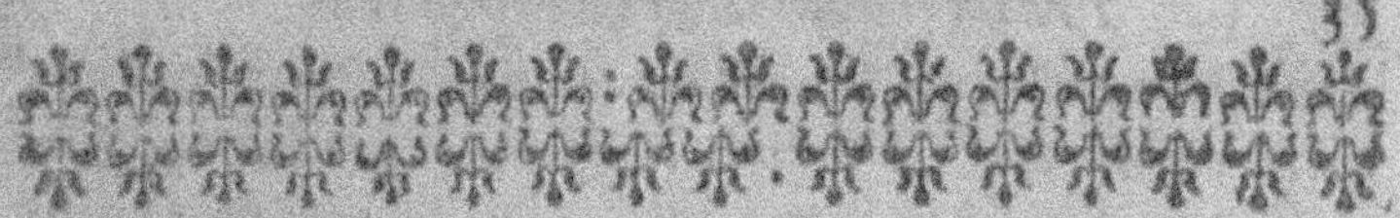

TRAITÉ II.

De diuerses Epoches ou Eres.

EPOCHE, ou Epoque, est vne supputation d'années, qui a vn commencement determiné, mais qui n'est point determinée quant à sa durée, en quoy elle differe de la periode, qui est determinée quant à son commécement & qnant à sa durée. C'est ainsi que nous appellons Epoque Chrestienne, les années qui coulent depuis la naissance de Iesus Christ.

Ere est la mesme chose qu'Epoque : on s'en sert neantmoins particulierement pour la supputation dont se seruoient anciennement les Espagnols, d'où vient que l'on dit Ere d'Espagne.

Or comme tous les Chronologistes modernes, se seruent de la Periode Iulienne, à cause de sa certitude, & de la lumiere qu'elle apporte pour bien marquer les temps où les choses sont arriuées, il faut montrer l'art de reduire toutes les Epoques à la Periode Iulienne.

CHAPITRE I.

De l'Epoque Chrestienne.

L'Epoque Chrestienne est le cours des années depuis la naissance de Iesus-Christ, exclusiuement, parce qu'en effet nous ne commençons de compter les années de Iesus-Christ que depuis le premier Ianvier, c'est à dire, huit iours apres sa naissance. De sorte que depuis le commencement de cette Epoque iusqu'aujourd'hui, tout le monde est d'accord qu'il s'est écoulé 1666 ans : & comme nostre Seigneur nasquit l'an 4713 de la Periode Iul. il s'enfuit que l'Epoque Chrestienne commença l'an 4714 de la Periode Iulienne.

La demonstration de cela est euidente : car il est constant que cette année-cy 1666, nous auons 14 de Cycle Lunaire ; 24 de Cycle Solaire, & 4 d'Indiction. Le Lunaire se proune par les nouuelles Lunes ; le Solaire par la lettre Dominicale, &c. or si en discomptant, ou reculant de 1666 on va iusques à vn an, c'est à dire iusques à la premiere année de cette Epoque, on trouuera 2 de Cycle Lun. 10 du Solaire ; 4 d'Indiction : & comme ces 3 Cycles ainsi combinez, ne peuuent conuenir qu'à l'an 4714 de la Periode Iulienne, il s'enfuit que l'Epoque Chrestienne commença cette année là 4714 : & comme nostre Seigneur nâquit huit iours auparauant, c'est à dire, le 25 Decembre, il s'enfuit qu'il nâquit l'an 4713 de la Periode Iulienne, & qu'on auoit vn de Cycle Lunaire ; 9 de Cycle Solaire, & 3 d'Indiction. Nous enseignerons cy-apres la methode de faire ce discompte, qui est souuent fort vtile. Il faut auparauant enseigner à trouuer les 3 Cycles pour chaque année de l'Epoque Chrestienne.

Il y a deux voyes pour cela, de mesme qu'en la Periode Iulienne. Et pour s'en seruir, il faut se souuenir de ces 4 petits Vers.

La Lune vn cercle auoit tourné
Le Soleil neuf quand Dieu fus né
Pour le Cycle d'Indiction
On auoit trois sans fiction.

Ces quatre Vers marquent les Cycles qui prece-
derent immediatement ceux de la premiere année
de l'Epoque Chrestienne, sçauoir vn de Cyle Lunaire, 9 du Solaire, & 3 d'Indiction.

Si donc tu veux sçauoir le Cycle Lunaire d'vne
année Chrestienne, adjoute 1 à l'année donnée; Si
le Cycle Solaire; adjoute 9 ; Si celui de l'Indiction,
adjoute 3. Aprés diuise les sommes respectiuement
par 19, 28, & 15, comme il a esté dit au Chapitre 7
du precedent Traité, les residus outre les quotiens,
te donneront respectiuement les 3 Cycles de cette
année là, que s'il ne reste rien apres la diuision, on
sera à la derniere année du Cycle, indiqué par le di-
uiseur. Exemple, 1666.

1. Pour le Cycle Lunaire i'ajoute 1, c'est 1667, qui
diuisez par 19, donnent 87 au quotien, & 14 de
reste, Cycle Lunaire courant l'an 1666.

2. Pour le Solaire, i adjoute 9 à 1666, c'est 1675,
qui diuisez par 28, donnent 59, & 23 de reste, Cycle Solaire courant.

3. Pour l'Indiction, i'ajoute 3 c'est 1669, qui diuisez par 15, donnent 111, & 4 de reste, Indiction
courante.

Donc l'an 1666, on a 14 de Cycle Lunaire, 23 de
Cycle Solaire, & 4 d'Indiction, ainsi de toutes les
autres.

L'autre voye est sur la main ainsi qu'il a esté marqué au Traité precedent, Chapitre 9, 10 & 11, toute
la difference qu'il y a, est qu'il faut commencer de
compter les années Chrestiennes sur les 3 Cycles
marquez dans les Vers susdits.

Ainsi quand on cherche le Cycle Lunaire sur la
main gauche, il faut commencer de compter l'année
Chrestienne proposée par la iointure du poulce, &
là dire, 1; & sur la racine 2; & poursuiure, &c.

Les premiers 400 de noſtre Seigneur tombent ſur la jointure du poulce; les 800 ſur ſa racine , & ainſi de chaque eſpace en chaque eſpace on auance de 400; & de 5 en 5 eſpaces on auance de 100.

Pour le Solaire, il faut commencer de compter ſur la ſeconde jointure interne de l'annulaire de la main droite, en montant, & là dire 1; ſur a ſeconde jointure interne du grand doigt 2 , & continuër de ſuite.

En la ſupputation des années Chreſtiennes, toutes les centaines tombent ſur le petit doigt , 100 ſur ſa racine externe; 300 ſur ſa racine interne; 500 ſur ſa premiere jointure interne ; 700 ſur ſa ſeconde jointure interne , & ainſi de chaque eſpace en chaque eſpace.

Les 200, tombent ſur la ſommité du petit doigt; les 400, ſur ſon premier nœud externe , en deſcendant; les 600 ſur ſon ſecond nœud externe ; les 800 ſur ſa racine externe ; 1000 ſur ſa racine interne, & ainſi de ſuitte , proportionnément comme nous auons dit de faire ſur l'Index pour les centaines de la Periode Iulienne.

3. Pour l'Indiction, il faut commencer de compter ſur trois, & côſequëmët dire 1, ſur le nœud ſuperieur de l'annulaire ; 2, ſur celuy du petit doigt ; 3, ſur la jointure du poulce , &c. Et alors toutes les centaines de l'Epoque Chreſtienne tombent ſur le doigt du milieu, 100; ſur ſa ſommité; 200 ſur ſõ ſecond nœud; 300 ſur ſon premier nœud; 400 ſur ſa ſommité, &c.

Maintenant enſeignons la maniere de diſcompter par la main.

Quand il s'agit du Cycle Lunaire, trouue l'eſpace où il tombe, & de là procede en reculant , & pour abreger , ſouuiens-toy de la maniere de ſupputer par abregé les centaines , & les 400, & du lieu où tombe le Cycle , compte 5 eſpaces en retournant vers le

poulce pour chaque centaine, ou 1 espace pour 400;
2, pour 8 oo, &c.

Exemple. L'an 1666 nous auons 14 de Cycle Lunaire, ie veux sçauoir combien on en auoit l'année
qui preceda la premiere de 1666, il faut reculer de
1666 ans, pour ce faire.

I'ay recours à la main gauche, où ie trouue que 14,
Cycle Lunaire, tombent sur la premiere jointure en
descendant de l'index   En reculant donc, ie dis 400
sur sa sommité; 800 sur celle du doigt du milieu;
1200 sur celle de l'annulaire; 1600 sur celle du petit
doigt; & au mesme endroit encor 57 qui font trois
fois 19; Enfin pour aller iusques à 66, ie n'ay plus
qu'à reculer de 9, & le dernier tombe sur la sommité du poulce; donc l'année qui preceda l Epoque
Chrestienne eut 1 de Cycle Lunaire.

Item, l'an 900 de nostre Seigneur, combien auoit
on de Cycle Lunaire en decomptant depuis 1666,
que l'on a 14.

De 900 iusques à 1666, il manque 766. Donc de
la premiere jointure de l'index en descendant, là où
tombe 14 ie monte à sa sommité, & dis 400, & pour
les autres 300, ie recule 15 espaces, 5 pour chaque
100, & le 15 tombe sur la seconde jointure en descendant de l'annulaire; & là aussi tombe 57 qui font
trois fois 19, d'où ie recule encore 9 pour aller à 66
& ie finis à la seconde jointure du petit doigt; d'où
je conclus que l'an 900 de Iesus-Christ on eût 8 de
Cycle Lunaire, parce que delà iusques à la sommité
du poulce inclusiuement, il y a 8 espaces.

Pour le Cycle Solaire, fais le mesme à proportion
de ce qu'il est dit pour la periode Iulienne à commé-
cer du lieu, où se trouue le Cycle courant l'année de
laquelle tu ve x decompter

Exemple, 1666 nous auons 23 de Cycle Solaire,

C iiij

ie veux sçauoir combien on en auoit l'an qui preceda immediatement l'Epoque Chrestienne, ou en laquelle nâquit nostre Seigneur.

1. 23 Cycle courant tombe sur le second nœud en descendant du grand doigt de la main droite.

2. Pour 1600 qui est nombre pair, ie recule sur le mesme doigt, de 8 espaces, parce que 16 partagé par 2 donne 8, & le 8 espace tombe sur le premier nœud du mesme doigt.

3. Au mesme lieu ie dis 56, qui sont deux fois 28.

4. Enfin pour les 10, qui restent pour aller à 66, ie recule 10 espaces, & le dixiéme tombe sur la seconde jointure en montant du petit doigt, d'où parce qu'il y a 9 espaces iusques à la racine interne du mesme doigt, ie conclus que l'an immediatement deuant l'Epoque Chrestienne on auoit 9 de Cycle Solaire.

Pour le Cycle d'Indiction, tout de mesme à proportion, comme en la periode Iulienne, à commencer du lieu du Cycle courant l'année de laquelle tu veux decompter.

Exemple, l'an 1666 nous auons 4 d'Indiction; ie veux sçauoir combien on en auoit l'an qui preceda immediatement l'Epoque Chrestienne.

1. 4, qui est l'Indiction courante, tombe sur le second nœud de l'annulaire.

2. Pour compter 1600 ie recule sur le mesme doigt, & à son nœud du milieu, ie dis 100; sur sa sommité 200; sur son nœud d'enhaut 300; sur son nœud du milieu 400; &c. & là mesme tombe 1600.

3. Pour les 66 de reste; les 60, qui sont 4 fois 15, tombent au mesme endroit.

4. Il reste donc à reculer de là mesme, 6 espaces vers la sommité du poulce, & j'arriueray au nœud superieur du grand doigt, d'où iusques à la sommité

du poulce, il y a 3. Donc l'an immediatement deuant l'Epoque Chrestienne on auoit 3 d'Indiction.

AVTRE METHODE
Pour trouuer les Cycles d'vne année passée.

Ie veux sçauoir quels Cycles on auoit par exemple l'an 1306 de salut.

1. Ie sçais que cette année-cy 1666, nous auons 14 du Cycle Lun. 23 du Solaire; 4 d'Indiction.

2. I'oste 1306 de 1666, reste 360.

3. Ie diuise 360 par 19; par 28; & par 15; & la diuision estant faite, j'osteray les trois residus respectiuement des Cycles de cette année-cy, en ajoûtant à ceux-cy, vn Cycle entier, s'il est necessaire ; Ce qui restera de ces trois soustractions, seront les trois Cycles de l'année 1306.

Or 360, diuisé par 19, donne au quotient 18, & reste 18, qui ostez de 14 joint à 19, c'est à dire de 33, laisse 15 Cycle Lunaire de 1306.

360, diuisez par 28; donnent 12 entiers, & 24 de reste, qui ostez de 23 joint à 28, c'est à dire de 51, laisse 27 Cycle Solaire de 1306.

360, diuisez par 15, donnent 24 entiers, & reste 0, qui osté de 4, laisse 4, Indiction de 1306 de salut.

Par les mesmes Cycles de cette année 1666, ie veux sçauoir quels Cycles on auoit lors que nostre Seigneur nâquit.

1. Ie diuise 1666 par 19, j'ay 87 entiers, & 13 de reste : ces 13 ostez de 14, Cycle Lunaire de 1666, reste 1.

2. Ie diuise 1666 par 28, j'ay 59 entiers, & 14 de reste ; ces 14 ostez de 23, Cycle Solaire de 1666, laissent 9.

3. Ie diuise 1666 par 15, j'ay 111 entiers, & 1 de

reste ; or 1 osté de 4 Indiction de 1666, laisse 3.

Donc l'an que nostre Seigneur nâquit, c'est à dire l'an qui preceda l'Epoque Chrestienne, on auoit 1 de Cycle Lunaire ; 9 du Solaire ; & 3 d'Indiction.

CHAPITRE II.

De l'Epoque du Monde.

C'Est celle qui compte les années depuis la creation du Monde : Et comme les Grecs & les Latins ne sont pas d'accord du temps auquel le Monde fut creé, on n'a rien aussi de certain touchant cette Epoque. Les Grecs font le Monde plus ancien que les Latins, de 586 ans : Car depuis Adam iusques à la fin du Deluge, ils comptent 2242 ans ; & les Latins seulement 1656. Et comme le Deluge finit l'an 2386 de la periode Iulienne, il faut que le monde selon les Grecs fust creé l'an 144 de la mesme periode, & selon les Latins l'an 730, c'est à dire que l'an 145 fut la premiere du Monde, selon les Grecs, & l'an 731 selon les Latins.

La cause de cette erreur est, que les Grecs s'attachent à la version des 70, & les Latins à la vulgate. Nous suiurons icy les Latins.

Les Latins mettent la creation du Monde l'an 731 de la periode Iulienne. De là vient que qui oste 730 de l'année courante de la mesme periode, le reste donne les années du Monde.

Exemple. Cette année cy 1666 de salut, est la 6379 de la periode Iulienne. Si donc de 6379 j'oste 730, il restera 5649 pour l'année de la Creation du Monde : & si de 5649 j'oste 1666, il restera 3983, qui fut l'année du Monde, en laquelle nostre Seigneur nâquit ; De forte que 3984 du monde fut la premiere de l'Epoque Chreftienne.

Maintenant, fi tu veux auoir les Cycles de toutes les années de l'Epoque du Monde, diuife 730 par 19, par 28, par 15, ce qui reftera, la diuifion eftant faite, outre les quotiens, te donnera refpectiuement les Cycles qu'il faut adjoûter aux années du Monde, afin qu'eftant diuifées par 19, 28, & 15, tu ayes les veritables Cycles.

Or 730 diuifés par 19, laiffent 8 de refte ; diuifés par 28, ils laiffent 2 ; & par 15, ils laiffent 10 : Ce qui eft exprimé par ces Vers.

> *Deux du Soleil & huit de Lune*
> *Auecque 10 d'Indiction*
> *Furent des Cycles la Fortune*
> *L'an deuant la Creation.*

Exemple l'an du monde 5649. Quels Cycles a-t'on ?

Pour le Lunaire, j'adioûte 8, c'eft 5657. qui diuifez par 19, laiffent 14 de refte.

Pour le folaire, j'adioûte 2 ; c'eft 5651 qui diuifez par 28, laiffent 23 de refte.

Pour l'Indiction, j'adioûte 10 ; c'eft 5659, qui diuifez par 15, laiffent 4.

Donc l'an 5649 du monde, on a 14 de Cycle Lunaire ; 23 de Cycle Solaire ; & 4 d'Indiction.

Sur la Main, il eft encore plus aifé.

Car pour trouuer le Lunaire, tu n'as qu'à compter en la main gauche fur 8, & à dire 1 fur la jointure Superieure du petit doigt ; 2 fur fa fommité &c. & le refte à proportion c'eft à dire auáćer 5 efpaces pour chaque centaine. Ainfi les 400 tomberont fur la jointure Superieure du petit doigt ; 800 fur fa fommité &c. & ainfi d'efpace en efpace, de 4 en 4 cent.

Pour le Solaire ; tu n'as qu'à compter en la main

droite ſur 2, diſant 1 ſur la racine interne du grand
doigt, 2 ſur celle de l'Index, & le reſte à proportion,
c'eſt à dire que toutes les cētaines de cetteEpoque tō-
bēt ſur l'annulaire, la premiere ſur ſon premier nœud
aprés ſa ſommité; la ſeconde ſur ſa premiere iointure ap és ſa racine; la troiſiéme ſur ſon ſecond
nœud; la quatriéme ſur ſa ſeconde jointure, &
ainſi conſecutiuement, te ſouuenant des progreſſions
d'impairs & de pairs, & que pour 200, il ne faut
qu'avancer 4 eſpaces ſur les doigts, ou vne eſpace
ſur le doigt des centaines.

Pour l'Indiction il ne faut que compter ſur 10;
& dire 1 ſur la racine du poulce; 2, ſur la ſommité de
l'Index &c. & alors toutes les centaines tombent ſur
le petit doigt; la premiere ſur ſon nœud ſuperieur;
la ſeconde ſur ſa ſommité; la troiſiéme ſur ſon nœud
inferieur; la quatriéme ſur ſon nœud ſuperieur, &c.
ainſi de ſuite.

CHAPITRE III.

De l'Epoque du Deluge.

C'Eſt celle qui compte les années depuis le Deluge vniuerſel.

Les Grecs ne s'accordent pas encor auec les Latins touchant le Deluge: Nous ſuiurons les Latins,
qui diſent que le Deluge finit l'an 2386 de la periode Iulienne: Et comme cette année-cy de Salut 1666,
répond à l'an 6379 de la periode Iulienne, ſi de
6379 j'oſte 2386, il reſtera 3993, qui eſt l'année
depuis le Deluge, qui répond à l'an de Salut 1666.

Et ſi de 3993 j'oſte 1666 il reſtera 2327, qui eſt
l'année depuis le Deluge, laquelle preceda l'Epoque

Chrestienne, c'est à dire en laquelle nostre Seigneur
nâquit.

Pour auoir les Cycles, adjoûte perpetuellement
aux années du Deluge, 11 pour auoir le Cycle Lunaire; 6 pour auoir le Cycle Solaire, & 1 pour auoir
celuy de l'Indiction.

> *Vn du Cycle d'Indiction*
> *Six du Soleil, onze de Lune*
> *Preuindrent la perte commune*
> *Que causa l'inondation.*

La raison est, que l'an 2386 de la per. Iul. qui fut
celle du Deluge, auoit ces Cycles-là.

Exemple, l'an 3993 du Deluge, quels Cycles a-t'on?
Pour le Lunaire j'adjoûte 11 à 3993, c'est 4004, qui
diuisez par 19, laissent 14.

Pour le Solaire, j'adjoûte 6, c'est 3999, qui diuisez
pas 28, laissent 23.

Pour l'Indiction, j'ajoûte 1, c'est 3994, qui diuisez par 15, laissent 4.

Sur la main.

Pour le Cycle Lunaire, compte en la main gauche
sur 11, & dis 1 sur la sommité du grand doigt, &c.

Pour le Solaire, compte en la main droite sur 6,
& dis 1 sur la jointure premiere en montant du
grand doigt, &c. Toutes les centaines tombent sur
l'annulaire : La premiere, sur son nœud inferieur;
la seconde, sur sa seconde jointure; la troisiéme sur
sa racine externe; la 4 sur sa sommité, &c.

Pour l'indiction compte sur 1, & dis 1 sur le nœud
superieur de l'Index, &c. Toutes les centaines tombent sur le poulce, la premiere sur sa racine; la seconde sur sa jointure; la troisiéme sur sa sommité,
la quatriéme sur sa racine, & ainsi de suitte.

CHAPITRE IV.

De l'Epoque d'Abraham.

C'Est celle qui compte les années depuis la naiſſance d'Abraham. Euſebe ſuit cette Epoque.

Conſtantin le grand, dit-il, mourut l'an 2352
d'Abraham, or Conſtantin mourut l'an 337 de nô-
tre Seigneur, le 22 May, iour de la Pentecoſte. I'oſte
donc 337 de 2352, reſte 2015, année d'Abraham, qui
preceda la premiere de l'Epoque Chreſtienne.

Et pour ſçauoir l'année de la Periode Iulienne, en
laquelle commença l'Epoque d'Abraham, puis que
noſtre Seigneur nâquit l'an 4713 de la Periode Iulienne, j'oſte 2015 de 4713, il reſte 2698, année de
la Periode Iulienne, qui preceda la naiſſance d'A-
braham, il nâquit donc l'an de la Periode Iulienne
2699.

Pour auoir les Cycles de cette Epoque, il faut
adjoûter à l'année d'Abraham propoſée, pour le Cycle Lunaire 19, pour le Solaire 10, pour l'Indiction
13, à cauſe que l'an qui preceda le premier an de
l'Epoque d'Abraham. c'eſt à dire l'an de la Periode
Iulienne 2698, auoit ces Cycles là.

> *Le Soleil auoit fais dix tours*
> *La Lune trois auecque ſeize*
> *L'Indiction iuſtement treize*
> *Quand Abram commença ſes iours.*

Exemple. L'an 3681 d'Abraham, quels Cycles
a-t'on?

Pour le Lunaire, j'adjoûte 19, c'eſt 3700 qui diuiſez par 19, laiſſent 14.

Pour le Solaire, i'adjoute 10, c'eſt 3691, qui diuiſez

par 28, laiſſent 23.

Pour l'Indiction, i'adjoute 13, c'eſt 3694, qui diuiſez par 15, laiſſent 4.

Donc l'an 3681 d'Abraham, qui répond à 1666 de Silut, on a 14 de Cycle Lun. 23 du Sol. & 4 d'Indiction.

Sur la main, compte ſur 19 pour le Lunaire, & dis 1 ſur la ſommité du poulce, & le reſte à proportion.

Pour le Solaire, compte ſur 10, & dis 1 à la ſeconde jointure du grand doigt en montant, &c. Toutes les centaines tombent ſur l'annulaire, la premiere ſur ſa racine externe; la ſeconde ſur ſa ſommité; la troiſiéme ſur la racine interne; la quatriéme ſur ſon premier nœud.

Pour l'Indict on, compte ſur 13, & dis 1, ſur la ſommité de l'annulaire; 2, ſur celle du petit doigt, &c. Toutes les centaines tombent ſur le doigt du milieu, la premiere ſur ſa ſommité; la ſeconde, ſur ſon premier nœud en montant; la troiſiéme ſur ſon ſecond nœud; la quatriéme ſur ſa ſommité. &c.

CHAPITRE V.

Des Olympiades.

LEs Grecs comptent par Olympiades, dont chacune contient 4 ans. E les ſont ainſi appellées des jeux Olympiques, qui ſe celebroient de 4 en 4 ans en la Grece, en la ville de Piſe, autrement Olympie, au Peloponneſe, proche d'Elide; quand donc on trouue vn nombre d'Olympiades propoſé afin de les reduire à la periode Iul. il faut

1º. Multiplier les Olympiades completes par 4,

& à la ſomme adjoûter les années de l'Olympiade courante; & faire aprés comme pour toutes les autres Epoques.

Exemple, ſuppoſé que cette année 1666 de ſalut. ſoit la ſeconde de la 611 Olympiade.

1. Les Olympiades completes ſont 610, que ie multiplie par 4, c'eſt 2440, à quoy j'adioûte 2 c'eſt 2442 années communes.

2. De 2442 j'oſte 1666, reſte 776 années communes de l'Olympiade qui preceda l'Epoque Chreſtienne; & comme l'année de la periode Iulienne, qui preceda l'Epoque Chreſtienne fut 4713; Si de 4713 j'oſte 776, il reſtera 3937 qui fut l'année de la Periode Iulienne, qui preceda la premiere des Ieux Olympiques; ils commencerent donc l'an de la Periode Iulienne 3938, & la 777 deuant noſtre Seigneur.

Pour les Cycles, à cauſe que l'an 3937 de la Periode Iulienne auoit pour Cycle Lunaire 4; pour Solaire 17; pour l'Indiction 7. Adjoûte reſpectiuement ces trois nombres aux Olympiades reduites en années communes, & diuiſe apres par 19, 28, & 15.

> *L'an deuant les Ieux Olympiques*
> *Le Soleil parcouroit dix-ſept*
> *La Lune quatre, & l'autre ſept*
> *De leurs Cycles Periodiques*

Exemple. La 194 Olympiade, quels Cycles eut-on?

1. Ie multiplie 194 Olympiades par 4, c'eſt 776 ans communs.

2. Pour le Cycle Lunaire, i'adjoûte 4, à 776, c'eſt 780, qui diuiſez par 19, laiſſent 1 de reſte.

3 Pour le Solaire i'adjoûte 17, c'eſt 793, qui diuiſez par 28, laiſſent 9.

Pour

Pour l'Indiction. i'ajoute 7, c'eſt 783, qui diuiſez par 15, laiſſent 3.

Donc en la 194 Olympiade on auoit 1 de Cycle Lunaire, 9 du Solaire, 3 d'Indiction.

Sur la main. Pour le Lunaire, compte ſur 4 & dis 1 ſur la racine du grand doigt &c.

Pour le Solaire, compte ſur 17; & dis 1 ſur le premier nœud en décendant de la ſommité de l'annulaire, &c. Toutes les centaines tombent ſur le petit doigt; la premiere, ſur ſa premiere jointure en montant de ſa racine interne; la ſeconde, ſur ſon ſecond nœud: la troiſiéme, ſur ſa ſeconde jointure: la quatriéme ſur ſa racine externe, & ainſi conſecutiuement.

Pour l'Indiction, compte ſur 7, & dis 1 ſur le nœud du grand doigt &c. Toutes les centaines tombent ſur l'annulaire: la premiere ſur ſon nœud ſuperieur, aupres de la ſommité du poulce: la ſeconde ſur ſa ſommité: la troiſiéme ſur ſon nœud inferieur: la quatriéme ſur ſon nœud ſuperieur.

Iphitus rétablit les Ieux Olympiques l'an 3938 de la Periode Iulienne; du Monde 3209; deuant Ieſus-Chriſt 777.

CHAPITRE VI.

Des années de la fondation de Rome.

VArron & les Faſtes Capitolins ſe ſeruent de cette Epoque, mais diuerſement: Car ceux-cy comptent vne année moins que Varron.

Varron met la fondation de Rome l'an troiſiéme de la ſixiéme Olympiade, preſque ſur la fin de ladite troiſiéme anuée: D'où il s'enſuit que ſi vous

D

ajoutez 23 à 3938, qui fut l'an de la Periode Iulienne
qui preceda la premiere année de la premiere Olympiade, vous aurez 3961, année de la Periode Iulienne qui preceda immediatement la fondation de Rome, selon Varron, 753 ans deuant l'Epoque Chrestienne.

Car si des années de la Periode Iulienne données
tu ostes 3961, tu auras les années de l'Epoque Varronienne : ainsi, comme nostre Seigneur nâquit l'an
4713 de la Periode Iulienne, si de 4714 tu ostes 3961,
tu auras 753.

L'an 1666 de Salut répond à 6379 de la Periode
Iulienne ; de 6379 oste 3961, reste 2418 de l'Epoque
Varronienne, qui répondent à 1666 de Salut.

De mesme pour l'Epoque Capitolienne, mais comme elle met la fondation de Rome vn an plus tard
que Varron, il faut oster toûjours vn an des années
Varronienne.

Selon l'Histoire, Iules Cesar fut tué l'an de la Periode Iulienne 4670, j'oste de 4670, 3960, reste
710 de la Ville, & si de 753, qui fut l'an de la
fondation de Rome deuant Iesus-Christ, j'oste 710,
reste 43, à quoy si j'ajoûte l'vnité, j'auray 44 ans
deuant l'Ere Chrestienne, en laquelle tomboit la 710
anneé de la Ville.

Et si de 4670 j'oste 3961, reste 709 de la Ville, selon les Fastes Capitolins, & de 752 si j'oste 709, reste
43, comme dessus, & en ajoûtant l'vnité 44 ans deuant l'Epoque Chrestienne.

Pour les Cycles, il faut ajoûter aux années Var-
roniennes 11, pour trouuer le Cycle Lunaire, 15 pour
trouuer le Solaire, & 3 pour l'Indiction.

L'an deuant que l'on fondast Rome
La Lune neuf iours auoit faits,

Le Soleil treize auoit parfaits
Et l'Indiction vn en somme :
Mais selon les Fastes tu dois
Ajouter vn à tous les trois.

Exemple. L'an 2418 de la fondation de Rome, quels Cycles a-t'on ?

Pour le Lunaire, j'ajoûte 9, c'est 2427, qui diuisez par 19 laissent 14.

Pour le Solaire, j'ajoûte 13, c'est 2431, qui diuisez par 28, laissent 23.

Pour l'Indiction, j'ajoûte 1, c'est 2419, qui diuisez par 15, laissent 4.

Donc l'an 2418 de Rome selon Varron, laquelle répond à 1666 de Salut, on a 14 de Cycle Lun. 23 du Sol. 4 d'Indiction.

Ce qui est 2418 à Varron, est 2419 aux Fastes : & alors j'aurois ajoûté 10 de Cycle Lunaire ; 14 du Solaire ; 2 d'Indiction, & aurois trouué les mesme Cycles, 14 Lun. 23 Sol. 4 d'Indiction.

Sur les mains selon Varron.

Pour le Lunaire, compte sur 9, & dis 1 sur la sommité du petit doigt, les centaines à proportion.

Pour le Solaire, compte sur 13, & dis 1 sur la sommité de l'annulaire, &c. les centaines tombent sur le petit doigt ; la premiere, sur sa racine interne ; la seconde, sur son premier nœud en décendant, & ainsi chaque espace te vaudra 200, soit nombre pair ou impair.

Pour l'Indiction, compte sur 1, & dis 1 sur le nœud d'en-haut de l'index ; les centaines sont toutes sur le poulce ; la premiere sur sa racine ; la seconde sur son nœud du milieu ; la troisiéme sur sa sommité ; la quatriéme sur sa racine, &c.

Selon les Fastes, il faut compter sur 10 pour le

Lunaire ; sur 14 pour le Solaire , & sur 2 pour
l'Indiction.

CHAPITRE VII.

De l'Epoque Iulienne.

C'Est celle qui compte les années depuis que Iules
Cesar eut reformé l'année Rom. ou de Numa.

L'an 708 de Rome , l'année Romaine estoit telle-
ment déreglée, que Ianvier estoit auancé en Octobre : Ce qui obligea Iules Cesar de le reformer.

L'an donc de la Periode Iulienne 4667, & du Monde 3937, au mois que nous appellons Octobre , commença l'an 708 de Rome , lequel fut de 445 iours,
& fut appellé l'an de confusion , parce qu'outre l'année cômune de 365 iours, on y ajouta 19 iours d'O-
ctobre , 30 de Nouembre , 31 de Decembre, en tout
80 iours ; De sorte que l'an 708 de Rome comprit
vne partie de l'an 4667 de la Periode Iulienne , &
du Monde 3937 , auec l'an 4668 de la Periode Iulien. ou 3938 du Monde tout entier, & l'an 4669 de
la Periode Iulienne & 3939 du Monde fut la premiere des années Iuliennes, qui fut l'an 709 de Rome, la quatriéme année de la 183 Olymp. 45 ans deuant l'Ere Chrestienne.

C'est pourquoy si aux années de l'Epoque Iulienne , on adjoûte 13 pour le Cycle Lunaire ; 20 pour le
Solaire , & 3 pour l'Indiction : les sommes diuisées
par 19, 28, & 15 , donneront les Cycles desdites années.

Exemple. Censorinus. écrit qu'il composa son Livre l'an de Iules Cesar 283.

Pour le Cycle Lunaire , j'adjoûte 13 , c'est 296 ;

qui diuisez par 19, laissent 11.

Pour le Solaire, j'adjoûte 20, c'est 303, qui diuisez par 28, laissent 23.

Pour l'Indiction, j'adjoûte 3, c'est 286, qui diuisez par 15, laissent 1. Les Cycles donc de 283, &c. sont 11 du Lunaire ; 23 du Solaire ; & 1 d'Indiction ; lesquels trois Cycles appartienent à la 4951 de la Periode Iulienne. Si donc de 4951, j'oste 4713, qui est l'année de la naissance de Iesus-Christ, il restera 238, qui est l'an de Salut, en laquelle Censorinus fit son Livre.

Sur la main.

Pour auoir le Cycle Lunaire, compte sur 13, & dis 1 sur la premiere jointure de l'index en décendant, &c.

Pour le Solaire, compte sur 20, & dis 1 sur le 2 nœud en décendant du petit doigt, les centaines tombent sur l'index ; la premiere, sur sa premiere jointure interne en montant ; la seconde, sur son second nœud en décendant &c. Ainsi 300 sur la seconde jointure interne, 500 sur sa sommité, &c.

Pour l'Indiction, compte sur 3, & dis 1 sur le nœud d'en haut de l'annulaire ; les centaines tombent sur le grand doigt, la premiere sur sa sommité ; la seconde sur son premier nœud en montant ; la troisiéme sur son second nœud ; la quatriéme sur sa sommité.

> *Deuant l'Ouvrage de Cesar*
> *La Lune auoit acheué treize*
> *Le Soleil quatre plus que seize*
> *L'Indiction trois pour sa part.*

CHAPITRE VIII.

De l'Ere d'Espagne , & Chrematisme d'Antioche.

LA 7 année de l'Epoque Iulienne , le Senat Romain confirma le partage que les Triumvirs auoient fait de l'Empire , par lequel l'Espagne entre autres prouinces échût à Auguste , & l'année suiuante , qui fut la huictiéme , il en prit possession ; de là les Espagnols commencerent de compter leurs années *Ab Exordio Regni Augusti,* qu'ils abbregerent aprés en ne mettant que les Lettres Capitales A, E, R, A, d'où l'on fit le mot *Aera,* ou Ere.

Ainsi l'Ere d'Espagne commença l'an 38 complet deuant nostre Seigneur , c'est à dire , l'an de la Periode Iul. 4676 ; du Monde 3946 ; de Rome 716; de l'Epoque Iul. 8, où l'on eut pour Cycle Lunaire 2; pour Cycle Solaire 28 ; pour Indiction 11. Consequemment l'année auparauant qui fut l'an 4675, on eut pour Cycle Lunaire 1 ; pour le Solaire 27, & pour Indiction 10, qu'il faut perpetuellement adjouter aux années de l'Ere d'Espagne , pour en auoir les vrais Cycles.

> *Vingt & sept du Cycle Solaire*
> *Du Lunaire vn, de l'autre dix*
> *Precederent d'Espagne l'Ere*
> *Aussi vray que ie te le dis.*

Pour la main , il faut faire à proportion , comme pour les Cycles des autres Epoques.

Euagrius se sert assez souuent d'vne Epoque, qui

auoit cours parmi les Grecs , laquelle on appelloit
Chrematifme d'Antioche , comme qui diroit v'age
d'Antioche : Elle commençoit au mois d'Octobre
auec leur année commune.

La premiere année de cette Epoque fut l'an de la
Periode Iul. 4666 ; du Monde 5936 ; de Rome 706,
deuant Iefus-Chrift 47.   L'on eut en fon premier
an 11 de Cycle Lunaire, 18 du Solaire, & 1 d'Indiction ; Confequemment il faut adjouter toûjours
aux années du Chrematifme 10 pour auoir le Cycle
Lunaire ; 17 pour le Solaire, & 15 d'Indiction.

> *Quinze, dix-fept, dix, & rien plus*
> *D'Indiction, Soleil & Lune,*
> *Adjoute à l'Epoque commune*
> *De la ville d'Antiochus.*

Sur la main, compte fur ces trois nombres refpectiuement.

Il y a encore plufieurs autres Epoques, pour lefquelles
on fe peut regler , fur ce que j'ay dit pour les precedentes : Mais il ne faut pas obmettre la plus em-
barraffée de toutes, qui eft celle des Egyptiens, ou
de Nabonaffar.

CHAPITRE IX.

De l'Epoque de Nabonaffar.

PTolomée, & les autres Aftronomes font fouuent
mention des années de Nabonaffar, lequel fut
vn Roy de Babylone, du regne duquel les Egyptiens
compterent leurs années. On croit que ce fut Bala-
dan autrement dit, Iluleus, pere de Merodach, du-

quel parle la sainte Escriture.

Le commencement de cette Epoque fut l'an de la Periode Iulienne 3967; du Monde, 3257; de Rome 7; deuant Iesus-Christ 747 ; Sa premiere année donc eut pour Cycles, 15 de Lune ; 19 du Soleil; & 7 d'Indiction , & celle immediatement deuant 14 de Lune ; 18 du Soleil, & 6 d'Indiction.

Les années de Nabonassar estoient precisément de 365 iours, sans compter les 6 heures de plus, c'est pourquoy de 4 en 4 ans, l'année Egypt. anticipoit vn iour sur la Iulienne ; Ainsi supposé qu'elle eut commencé le premier de Ianuier, 4 ans aprés elle auroit commencé le 31 Decembre , & 4 autres ans apres le 30 Decembre ; Et en 1460 ans elle auroit parcouru tous les iours de l'année Iulienne , & anticipé vn an tout entier : de sorte que l'an 1460 Iulienne, seroit la 1461 de Nabonassar ; La raison est qu'en 4 ans elle gagne vn iour, or quatre fois 365 font 1460.

D'où il est aisé d'inferer, que deux années Egyptiennes peuuent commencer dans vne mesme année Iulienne : Car si l'année Egyptienne commence au premier iour de Ianuier d'vne année Iulienne Bissextile de 366 iours ; l'an Egyptien n'estant que de 365 , ayant commencé le premier Ianvier, finira le 30 Decembre, & l'autre commencera le 31 Decembre.

Or la premiere année de Nabonassar commença le 26 Février, l'an de la Periode Iul. ainsi que j'ay dit 3967 , laquelle fut la seconde année aprés le Bissexte ; De sorte que l'an 227 de Nabonassar recula au premier Ianvier de l'an 4193 de la Periode Iul. & parce que cette année là estoit Bissextile ; la mesme année 4193 finit l'an 227 de Nabonassar, & le 31 Decembre commença l'an 228.

Et comme pour auoir les années de Nabonaſſar, il
ne falloit durant le cours de ces 227 ans, qu'oſter
des années courantes de la Periode Iul. 3966 ans,
par exemple, pour auoir l'année de Nabon. qui répond à l'année 4100 de la Periode Iul. il falloit ſeulement oſter 3966 de 4100, il ſeroit reſté 134 ans :
Mais puis que l'an de Nabon. anticipe d'vne année;
il ne faudra plus oſter 3966 des années de la Periode
Iul. mais ſeulement 3965 ; comme ſi ie voulois ſçauoir, combien d'années de Nabonaſſar on auoit l'an
4270 de la Periode Iul. j'oſterois 3965 de 4270, &
j'aurois 305 ans de Nabonaſſar. Enfin comme en
l'an 5653 de la Per. Iul. deux années de Nabonaſſar ſe doiuent encor rencontrer ; il ne faudra oſter
que 3964 des années Periodiques ſuiuantes. Et
1460 ans aprés, il n'en faudra oſter que 3963, &
ainſi de ſuitte. Ces 1460 ans ſont ce qu'on appelle
Periode Sothiaque.

    Cela ſuppoſé deuant que de dire autre choſe,
nous mettrons icy la Table des mois Egyptiens,
auec le premier iour de leur année quils appellent
Thoth.

§. I.

Des mois Egyptiens, & de leur Thoth.

TABLE.

MOIS EGYPTIENS.			MOIS ROMAINS.		
Mois.	*Iours.*	*Reguliers.*	*Mois.*	*Iours.*	*Iours des Ans Bissextils.*
Thoth	0	0	Ianvier	0	0
Pauphi	30	2	février	31	31
Athyr	60	4	Mars	59	60
Choiac	90	6	Avril	90	91
Tybi	120	1	May	120	121
Mechir	150	3	Iuin	151	152
Phame-noth	180	5	Iuillet	181	182
Phar-muthi	210	7	Aoust	212	213
Pacon	240	2	Septem.	243	244
Payni	270	4	Octobre	273	274
Epiphi	300	6	Nouem.	304	305
Mesori	330	1	Decem.	334	335
Epago-menes.	360	3			

Tous les mois Egyptiens sont de 30 iours ; les Epagomenes, comme qui diroit, sur-introduits ou adjoutez, de 5 iours, en tout 365. Voila la premiere colomne ; la seconde contient les iours qui sont coulez depuis Thoth, ou le premier iour de l'an iusques au premier iour de chaque mois.

Nous expliquerons la troisiéme colomne plus bas.

Par cette Table, on peut faire beaucoup d'operations que nous expliquerons par les Paragraphes fuiuants.

§. II.

Vne année Iulienne estant donnée trouuer le iour, auquel Thoth échoit.

DANs toute la Periode Iul. il n'y a que 5 années, où le Thoth fe rencontre au premier iour de Ianvier & au dernier de Decembre, fçauoir 1273. 2733. 4193. 5653. 7113. l'excez defquelles années eft de 1460 ans, comme dit eft.

1. Donc ofte l'année Iulienne propofée, de celuy de ces nombres qui eft prochainement le plus grand.

2. Diuife le refidu par 4, & fi le quotient excede 54, ou s'il ne refte rien aprés la diuifion, le iour du Kalendrier Iulien auquel répondra ce quotient, fera celui de Thoth. Mais fi le quotient n'excede pas 54, ou s'il refte quelque chofe aprés la diuifion, adjoute l'vnité au quotient, & le iour du Kalendrier Iulien, auquel il répondra, fera celuy de Thoth.

Exemple. L'an 4713 de la Periode Iul. quel iour fut Thoth?

Réponfe. 1. Ie remarque parmy les 5 nombres cydefllus, que 5653 eft le plus proche qui l'excede.

2. I'ofte donc 4713 de 5653. refte 940, que ie diuife par 4, j'ay au quotient 235, tout jufte.

3. Comme il ne refte rien de la diuifion, & que le quotient excede 54, ie n'adjoute rien. Ainfi le Thoth des Egyptiens échut l'an 4713 de la Periode Iul. au 235 iour aprés le premier-Ianvier au Kalendrier Iu-

lien , à ſçauoir au 23 d'Aouſt ; car 212, qui ſont vis-
à-vis d'Aouſt oſtez de 235, laiſſent 23.

Item, l'an 4602 de la Periode Iul.

I'oſte 4602 de 5653 , reſte 1051 ; qui diuiſez par 4
donnent au quotient 262 , & 3 de reſte ; Donc à cauſe
de ce reſte j'adjoute l'vnité au quotient , c'eſt 263 ;
& le 263 iour de l'année Iulienne , c'eſt à dire , le 20
Septembre, fut le Thoth.

Item , l'an 4153.

I'oſte 4153 de 4193 , reſte 40 ; qui diuiſez par 4,
donnent 10 , & parce que ce quotient eſt iuſte , &
moindre que 54 , j'adjoute l'vnité ; c'eſt 11. Donc
cette année-là , le Thoth fut le 11 de l'an Iulien, ou
le 11 de Ianuier.

Obſeruez que depuis la reformation Gregorienne,
il faut adjouter 10 au quotient ſuſdit à cauſe de 10
iours retranchez; ſans préjudice de ce qui eſt dit dans
la regle.

Exemple. L'an 6379.

I'oſte 6376 de 7113 , reſte 737 ; qui diuiſez par 4,
donnent 184 , j'adjoute 10 , & l'vnité, c'eſt 195 , qui
tombent au 17 d'Aouſt, iour du Thoth.

§. III.

Vne année Iulienne eſtant donnée , trouuer quelle année
de Nabon. luy répond.

Remarque 4 années en la Per. Iul. à ſçauoir 3667,
4193; 5653 ; 7113.

Dont la premiere , fut le premier an de l'Époque
de Nabon. & les trois autres , ont donnée commencement chacune à deux années de Nabonaſſar.

Vne année donc Iulienne eſtant propoſée ; regar-
de entre quels nombres de ces 4 elle tombe : Si c'eſt

entre le premier & le second ôte 3966, le reste te donnera l'année de Nabonaſſar.

Si c'eſt entre le ſecond & le troiſiéme, ôte 3965.

Si c'eſt entre le troiſiéme & le quatriéme, ôte 3964.

Exemple. L'an de la Periode Iul. 4155, auquel Cyrus commença, combien tenoit-on de l'Ere Egyptienne ?

1. Parce que 4155, tombe entre les deux premiers nombres, c'eſt à dire entre 3967, & 4193. De 4155 j'ôte 3966, reſte 189, année de Nabon.

Item, l'an 5304.

Parce qu'il tombe entre le ſecond & le troiſiéme nombre, c'eſt à dire, entre 4193, & 5653 ; de 5304, j'ôte 3965, reſte 1338, année de Nabon.

§. IV.

Reduire les années de Nabonaſſar aux années de la Periode Julienne.

Remarque ces quatre nombres, 1, 227, 1688, 3149.

Si l'année à reduire tombe entre le premier & ſecond nombre, c'eſt à dire, entre 1, & 227, adjoute 3966.

Si entre 227 & 1688, adjoute 3965.

Si entre 1688, & 3149, adjoute 3964.

Exemple. L'an de Nabon. 146, à quelle année répond-t'il de la Per. Iul. ?

Comme il tombe entre 1 & 227, j'adjoute 3966, c'eſt 4112. de la Per. Iul.

Item, l'an 764 de Nabon.

Parce qu'il tombe entre 227 & 1688, j'adjoute 3965, c'eſt 4729. de la Per. Iul.

Item, l'an 1939 de Nabon.

Parce qu'il tombe entre 1688 & 3149 , j'adjoute 3964 , c'est 5903 de la Per. Iul.

§. V.

L'an Egyptiaque estant donné, & son Thoth, trouuer le premier iour des autres mois.

AYant trouué le iour de Thoth , par le §. 2, au Kalendrier Romain, compte les iours qu'il y a depuis le Thoth, iusques au premier Ianvier inclusiuement, à ce nombre adjoute celuy qui est vis-à-vis du mois Egyptiaque que tu cherches ; si la somme n'excede pas 365, elle te donnera ce que tu cherches; si elle excede , ostes-en 365.

Exemple. L'an 20 de Nabonassar, quel iour commença le mois Epiphi?

Par le second §. cette année-là Thoth fut le 21 Février, c'est à dire , le 52 iour de l'an Iulien, à 52 j'adjoute 300 , qui sont vis-à-vis d'Epiphi, c'est 352, desquels 334 qui sont vis-à-vis de Decembre estant ostez, reste 18 ; donc le 18 Decembre fut le premier iour d'Epiphi.

Item , l'an 168 de Nabon. quand fut le premier iour de Pharmuti?

Réponse, par le § 4, ie reduis l'an de Nabonassar à la Periode Iul. en y adjoutant 3965, c'est 4233 de la Periode.

2. Par le §. 2. ie trouue le Thoth le 21 Decembre, 355 iour de l'année ; à 355 j'adjoute 210, marquez vis-à-vis de Pharmuthi, c'est 565 , qui excede 365 ; j'oste donc 365 de 565, reste 200. Donc le premier iour de Pharmuthi , fut le 200 iour de l'année Iul. c'est à dire, le 20 Iuillet.

§. VI.

*L'année de Nabonaſſar eſtant donnée, trouuer en quelle
Ferie tomba le Thoth.*

ADjoûtez 3 aux années données : Diuiſez la
ſomme par 7, s'il reſte quelque choſe de la diui-
ſion, ce reſidu marquera la Ferie en laquelle eſt
écheu le Thoth : s'il ne reſte rien, ce ſera la 7 Ferie
ou le Samedy.

Exemple. L'an 20 de Nabonaſſar.

I'adjouſte 3, c'eſt 23 ; qui diuiſez par 7, laiſſent 2
de reſte ; donc le Thoth fut vn Lundy.

En effet, l'an 20 de Nabon. répond à l'an 3986 de
la Periode Iul. année ſimple, en laquelle ont eut 10
de Cycle Solaire, & pour Lettre Dominicale B. Or
la vingtiéme année de Nabonaſſar Thoth fut le 21
Février, marqué C, qui eſtoit la marque du Lundy.

Item, l'an 256 de Nabonaſſar,

l'adjoute 3, c'eſt 259 ; qui diuiſez par 7, laiſſent 0.
Donc cette année là Thoth fut le Samedy.

En effet, l'an 256 de Nabon. répond à l'an 4221
de la Periode Iul. année Biſſextile ; 21 pour Cycle
Solaire ; C, B, pour Lettres Dominicales. Or
Thoth fut le 24 Decembre marqué A, & le 25 eſt
marqué B.

Item, l'an 219 de Nabonaſſar,

l'adjoute 3, c'eſt 222 ; qui diuiſez par 7, laiſſent 5.
Donc Thoth fut la 5 Ferie, ou le jeudy.

Preuve. L'an 219 de Nabon. répond à 4185 de la
Per. Iul. année Biſſextile, qui eut 13 pour Cycle Solaire; & pour Lettres Domin. F, E. Or Thoth tomba le 3 Ianvier marqué C, ſigne du Ieudy pour cette
année là, comme F du Dimanche en Ianvier.

§. *VII.*

La Ferie du Thoth estant trouuée, trouuer celle du premier iour de tous les autres mois Egyptiaques.

EN la troisiéme colomne de la Table des mois Egyptiaques, où il y a ce mot (*Reguliers*) il y a des nombres répondans à chaque mois, lesquels sont les nombres des Feries, qu'il faut adjoûter à celle du Thoth pour auoir la Ferie, en laquelle tombe le premier iour de chaque mois répondant au nombre adjoûté, en ostant, s'il est necessaire, 7 de la somme.

Exemple. L'an 20 de Nabon. Thoth fut le Lundy Ferie 2.

Pour sçauoir en quelle Ferie tomba le premier iour de Pauphi, qui a 2 vis-à-vis, j'adjoute 2 à Ferie 2, c'est Ferie 4. Donc son premier iour fut le Mercredy.

Athyr commença par vn Vendredy, car 4 & 2 font 6.

Les Epagomenes par vn Ieudy : Car 3 & 2 font 5. &c.

Item, l'an 219 de Nabon. Thoth fut le Ieudy, 5 Ferie. Donc Pauphi commença par le Samedy : car 2 & 5 font 7.

Athyr par le Lundy : car 4 & 5 font 9, j'oste 7 reste 2.

Choiac par le Mercredy : car 6 & 5 font 11, & osté 7, reste 4, & ainsi des autres.

En effet Choiac commença le 2 d'Avril, parce que le Thoth fut le 3 Ianvier. Or 90 qui est vis-à-vis de Choiac adjoutez à 3, font 93; desquels ostez 91 qui

font

ſont vis-à-vis d'Avril, en la colomne de Biſſextes, reſte 2 d'Avril, marqué A Lettre du Mercredy, comme E du Dimanche depuis le 25 Février.

Il eſt à obſeruer, que 5 ans apres la mort de Marc-Antoine & de Cleopatre, laquelle arriua enuiron le mois d'Aouſt, l'an de Rome 724; de la reformation Iulienne 16, puis que la bataille Actiaque fut donnée l'an de Rome 723, de la reformation Iulienne 15, le ſecond iour de Septembre; que 5 ans dis-je aprés, c'eſt à dire, l'an de Rome 729; & de la reformation Iulienne 21; l'année Egyptiaque, qui iuſques alors auoit eſté vague, fut fixée, parce que par l'ordre du Senat ou d'Auguſte, ils commencerent à la maniere Romaine d'intercaler le iour du Biſſexte de 4 en 4 ans. De ſorte que leur Thoth, ou premier iour de leur année, fut deſormais toûjours le 29 iour d'Aouſt, conſacré parmi nous à la Decolation de ſaint Iean Baptiſte; l'an de la Per. Iul. 4688, deuant l'Ere Chreſtienne 25 ans. Ainſi les Epagomenes, qui auoient eſté de 5 iours ſeulement, furent tantoſt de 5, & tantoſt de 6, à cauſe du Biſſexte, les autres mois demeurant toûjours de 30 iours preciſément.

Il faut encor obſeruer que les Alexandrins intercaloient leur Biſſexte, l'année auparauant qu'on l'intercalaſt à Rome. Ce qui conſte par la 83 Epiſtre de ſaint Ambroiſe, où il dit, que l'an 76 de Diocletian, Paſques fut celebré en Egypte le 28 du mois Pharmuthi, qui fut, dit-il, alors le 9 des Kalendes de May, ou le 23 d'Avril. Or l'an 76 de Diocletian commença l'an 359 de noſtre Seigneur, enuiron l'Automne; il parle donc de Paſques de l'an 360, où Pharmuthi ſe rencontra. En effet, l'an 360, on auoit 19 de Cycle Lunaire, ou de nombre d'Or; conſequemment la nouuelle Lune de Mars fut le 3 d'Avril; la pleine Lune le 16, qui fut vn Dimanche, à cause que A estoit la Lettre Domin. depuis Février, B ayant serui deuant, iusques au iour du Bissexte. Donc le Dimanche suiuant qui tomba au 23 d'Avril, fut Pasques.

Pour trouuer le commencement de chaque mois en cette année sixe Egyptiaque ; Regle.

Les trois premieres années de l'vn de nos Bissextes à l'autre, à commencer par la Bissextile, adjoute 240, aux iours marquez vis à vis de chaque mois Egyptique ; & la 4 année c'est à dire celle qui prece de nostre Bissexte, adjoute 241, De la somme, ostes-en 365, s'il est necessaire le reste te donnera le commencement du mois, que tu cherches, à compter depuis le premier de Ianuier inclusiuement.

La raison de cette addition de 240, ou 241, est que depuis le premier iour de Ianuier inclusiuement, iusques au 29 d'Aoust exclusiuement, il y a 240 iours aux années simples, & 241 en l'an Bissextil.

Pour trouuer le iour du mois, comme le 15 ou le 21, adjoute ce iour du mois que tu cherches, au nombre de ceux qui sont vis-à-vis de lui, & à cette somme 240, ou 241, comme dessus, &c.

Exemple. Synesius Epistre 13. dit que l'an 412 de nostre Seigneur, Pasque fut indiqué au 19 de Pharmuthi ; ie desire sçauoir à quel de nos mois, & à quel iour répond ce 19 de Pharmuthi.

Réponse. A 210 qui sont vis à vis de Pharmuthi, j'adioute 19, c'est 229 ; & à cause que l'an 412 de Salut est Bissextil, j'adjoute 241 à 229, c'est 470 ; j'oste 365, reste 05. Donc le 19 Pharmuth tomba au 14 de nostre Avril : car qui de 105 oste 91 qui sont vis-à-vis d'Avril en la colomne des Bissextes, reste 14. Or l'année d'auparauant on auoit intercalé à Alexandrie, & l'Epagomene auoit esté de 6 iours : Ainsi cette année là 412 de nostre Seigneur, Pasques

fut le 14 d'Avril, puis que l'on eut 14 de Cycle Lunaire ; 1 de Solaire ; & G, E , pour Lettres Domin.

CHAPITRE X.

Rolle de diuerses Epoques, dont les Sçauants conuiennent.

LA premiere est celle des Iuifs , desquels l'année
fut Lunaire , laquelle, ainsi que celle des Grecs,
fut accommodée auec le Cycle Decemnouennale ou
de 19 ans, au moins depuis qu'ils furent sujets aux
Grecs, c'est à dire, depuis le regne des Seleucides :
car deuant ce temps-là, on ne peut point sçauoir par
la Sainte Escriture , de quelle sorte d'années ils se
seruoient. En effet, Moyse parlant des Festes , parle
bien du premier & second mois ; mais il ne dit point
que ce fussent des mois Lunaires , ou des années Lunaires : Mais comme nostre année a deux commen-
cements, l'vn ciuil en Ianvier ; l'autre Ecclesiastique,
au mois Pasqual ; Aussi les Iuifs commençoient leur
année ciuile au mois Tisri , qui est en Automne ;
& l'Ecclesiastique , au mois Nisan , qui est au Prin-
temps.

La seconde est des années Sabbatiques des Iuifs.

En l'Exode 23 , & Leuitique 25 , Moyse ordonne
au peuple , que quand il seroit en possession de la
Terre promise il cultiuast la terre durant 6 ans, &
qu'au 7 il l'a laissast reposer. Cette 7 année s'appelloit Sabbatique , qui veut dire, d repos, ou Semi-
tah , qui signifie le mesme ; elle commençoit toûjours en Automne auec l'année populaire des Iuifs ;
Consequemment, elle comprenoit vne grande partie de l'année Iulienne suiuante , qui commence en

Ianvier. Cette Loy fut mal gardée ; Mais les Liures des Machabées & Ioseph, font mention de trois années Sabbatiques, sur lesquelles il faut regler les autres.

La premiere fut lors qu'Antiochus Eupator, fils d'Antiochus Epiphanes, Assiegea Hierusalem auec Lisias, l'an des Grecs, ou des Seleucides 150, comme il est dit aux Machab c. 6. v. 20. où il est adjouté au verset 49 & 57. que c'estoit vne année 7 ou Sabbatique. Or cet Automne là fut l'an 4550 de la Per. Iul. ; du Monde 3820 ; & cette année là enjamba sur vne partie de l'an 4551 de la Periode Iul. & de l'an du Monde 3821.

La seconde, fut l'an des Grecs 177, lors que Simon pere du grand Hircan fut tué au Château Doch, par Ptolomée fils d'Abobi, son gendre, comme il est dit au premier des Machabées, c. 16. v. 14. Or Ioseph, Liure 13 de ses Antiquitez, c. 16, dit que cette année là fut Sabbatique ; l'an des Grecs ou Seleucides commençoit en Automne, & leur an 177 commença l'an 4578 de la Per. Iul. & du Monde 3848. Donc cette année là Sabbatique, tombe en ces années là, & finit dans les suiuantes.

La troisiéme, fut lors qu'Herodes auec Sosius prirent Hierusalem, sous le Consulat d'Agrippa & de Caninius, & qu'ils tuerent le dernier Antigonus de la race des Asmonées : Car Ioseph au 14 Liure de ses Antiquitez, c. 16, dit que cette année là fut Sabbatique. Or cela aduint l'an 4677 de la Periode Iulienne ; & du Monde 3947. Donc cette année Sabbatique commença l'an 4676 de la Per. Iul. & du Monde 3946.

C'est sur ces trois Sabbatiqnes, qu'il faut regler toutes les autres ; D'où il s'ensuit qu'il faut que la premiere année Sabbatique fut celebrée, l'an de la

Per. Iul. 3235 ; & du Monde 2505 ; & qu'elle commença dés l'Automne de l'année d'auparauant.

En effet, Caleb auoit 40 ans, quand il fut deputé
pour aller découurir la Terre promise. Iosué 4 v 10.
Cela se fit la seconde année de la sortie d'Egypte,
vers les vendanges ; il demeura encor 38 ans dans
le Desert, & iusques à la mort de Moyse 38 ans 6
mois : il employa 6 ans & 6 mois à conquerir la
Terre ; ces trois sommes 40, 38 & demy, & 6 ans
& demy, font 85 ans qu'il auoit quand il partagea
la Terre aux 12 Tribus Apres le partage on la cul-
tiua durant 6 ans de suitte, & l'an 7 on la laissa reposer, c'est à dire, l'an 13 de l'entrée de la Terre, &
le 53 de la sortie d'Egypte. Or la sortie fut l'an 3181
de la Per Iul. donc 53 adjoutez à 3181, font 3234. An
de la Per. Iul. en l'Automne duquel l'an premier
Sabbatique dût commencer.

En effet, comme tous les Sabbatiques sont de 7 en
7 ans, il faut que la difference d'vne année Sabbatique à l'autre, soit vn nombre septenaire, c'est à dire,
qui diuisé par 7 ne laisse rien ; Or si j'oste 3234 de
4550 premier Sabbatique, dont il est fait mention
aux Machabées, il reste 1316, qui diuisez par 7, oon-
nent 188 tout iuste, & ainsi des autres.

La troisiéme Epoque, est celle de la sortie d'Egypte, laquelle arriua l'an de la Per. Iul. 3184 ; du Monde 2454 ; deuant Iesus-Christ 1530.

La quatriéme, est de la bastisse du Temple de Sa-
lomon, qui fut commencé l'an 3702 de la Per. Iul du
Monde 2981 ; deuant Iesus-Christ 1013.

La cinquiéme, du regne de Cyrus, qui commença
l'an 4154, ou 4155 de la Per. Iul. ; du Monde 3424,
ou 3425, la premiere de la 55 Olympiade ; deuant Iesus Christ 560, ou 519.

La sixiéme, de la Victoire d'Arbelles, où Alexan-

dre le Grand vainquit Darius, & abolit l'Empire
des Perses ; Elle fut l'an 4383 de la Periode Iul; du
Monde 3653 ; la premiereannée de la 112 Olympiade ; deuant I. Christ 331 an.

 La septiéme, l'Ere des Seleucides, que l'Escriture
appelle les années des Grecs, parce que les Mace-
doniens s'en seruoient en Orient , commença l'an
4402 de la Periode Iulienne ; du Monde 3672 ; la
derniere année de la 116 Olympiade ; deuant Iesus-
Christ 312. Mais au premier Liure des Machabées
elle commence au Prin-temps , & au second Liure
en l'Automne du mesme an.

TRAITE III.

De l'vsage des Cycles.

CHAPITRE I.

De l'vsage du Cycle Lunaire.

L sert à deux choses. 1. A trouuer toutes les nouuelles Lunes. 2. A trouuer les Epactes. Et à cause de ces deux grandes vtilitez, on l'appelle Nombre d'Or; Mais il faut obseruer deux choses.

La premiere, que les Lunes, ainsi que nous auons dit, sont alternatiuement de 30, & de 9 iours.

La seconde qu'il y a difference entre le temps deuant la reformation du Kalendrier, qui se fit l'an 1582, à commencer au mois d'Octobre, & le temps qui est apres. Nous commencerons par celui-cy, parce que c'est le temps auquel nous viuons.

§. I.

Trouuer les nouuelles Lunes depuis l'an 1582.

Apprenez les 30 mots suiuans, quoy que barbares en apparence.

         9   17   6
L'accord, neuf, reçoit, dix-sept, Sexte, pose,

  14   3   11   19
quatorze, Triez, dedans, Onze, Poëtes, Dix-neuf,
  8   16   5
Huitains, choisissez, Seize, Cymbales, lesquelles,
  13   2   10   18
Trezelerez, Deux, heures, Dix, iours, Dix-huit,
  7   15   4
Sepmaines, chacune, Quinze, Quarillons, pre-

        12   1
comptant, Douze, Premier.

De ces 30 mots, il n'y en a que 19 qui seruent,
lesquels sont les 19 Nombres d'Or, diuersement
meslez, & de telle sorte, qu'entre le precedent &
le suiuant en la progression naturelle, il y a toû-
jurs dix autres mots interposez, & le suiuant fait
le onziéme, comme pour suppleer les 11 iours, dont
l'an Lunaire de 354 iours est excedé par l'an Solaire
de 365 iours. Le mot (premier) signifie 1 de Nombre d'Or ; le mot, Deux, 2 de Nombre d'Or, Triez,
3 ; & ainsi des autres, suiuant qu'indiquent les
chifres qui sont marquez dessus ; les autres mots,
outre ces 19, ne sont que pour acheuer les iours de
la plus grande Lune, qui sont 30.

Par la disposition de ces mots appliquez aux
iours des mois, on peut trouuer toutes les nouuelles Lunes : Car e quantiéme dans l'ordre de ces
mots est le Nombre d'Or courant, le tantiéme
iour du mois est la nouuelle Lune ; Mais tous les
mois ne doiuent pas estre comptez par le mesme
mot.

Pour Ianvier, il faut commencer par l'Accord ; Février, par Neuf ; Mars, par l'Accord ; Avril, par
Neuf ; May, par Reçoit ; Iuin, par Dix-sept ; Iuillet,
par Sexte ; Aoust, par Quatorze ; Septembre, par

Triez ; Octobre, par Dedans ; Nouembre, par Onze ; Decembre, par Poëtes. Ainsi que la figure suiuante le montre.

Ianvier,   Février,
   Mars,   Avril,   May,   Iuin,   Iuillet,
L'accord,   Neuf,   Reçoit, Dix-sept, Sexte,
   Aoust, Septembre, Octob. Nouemb. Decemb.
Quatorze, Triez , Dedans, Onze,   Poëtes.

D'ailleurs, quand il s'agit d'vn mois, qui succede
à vn autre qui a 31 iours il ne faut point compter, le
mot, Pose, à cause du iour que le mois precedent a
adjouté sur 30.

Exemple. L'an 1667 nous aurons 15 de Nombre
d'Or. Donc au mois de Ianvier, la nouuelle Lune
sera le 26 , parce que, Quinze , est le 26 mot à compter par L'accord.

En Fevrier , le 24, à compter depuis, Neuf, & obmettant Pose.

En Mars, comme en Ianvier, le 26, pour la mesme
raison.

En Avril, comme en Février, le 24, pour la mesme
raison.

En May, le 24, à compter depuis, Reçoit.

En Iuin, le 22, à compter depuis, Dix-sept , & obmettant le mot, Pose.

En Iuillet , le 22 à compter depuis, Sexte.

En Aoust le 20, à compter depuis, Quatorze.

En Septembre, le 19, à compter depuis , Triez ; &
quoy qu'il soit apres vn mois de 31 , on n'obmet au-
cun mot, parce que, Pose, ne s'y trouue point.

En Octobre, le 18 , à compter depuis, Dedans.

En Nouembre, le 17, à compter depuis, Onze.

En Decembre, le 16, à compter depuis, Poëtes.

Autre exemple. L'an 1674. nous aurons 3 de
Nombre d'Or.

Donc en Ianuier, nous aurons la nouuelle Lune le 8 , parce que , Triez, est le huictiéme mot depuis, L'accord.

En Février le 6 , parce que Triez, est le sixiéme mot depuis, Neuf, en obmettant Pose.

En Mars, comme en Ianuier , le 8.

En Avril , comme en Février le 6.

En May, le 6 , parce que Triez   est le sixiéme mot depuis, Reçoit, en comptant, Pose.

En Inin, le 4 , parce que , Triez, est le quatriéme mot depuis Dix-sept, en obmettant Pose.

En Iuillet, le 4 , parce que, Triez, est le quatriéme mot depuis Sexte, à compter, Pose,

En Aoust, le 2 , parce qu'à cause que Iuillet est de 31 , on a laissé, Pose, & passé à Quatorze , & Triez est le second aprés Quatorze.

En Septembre , le premier, parce qu'il commence par Triez ; & comme à cause, qu'il suit Aoust , qui est de 31 iours , dans l application des mots sur ses 30 iours, il faudra obmettre, Pose ; de-là vient qu'en retournant à L'accord, Triez se rencontrera encore, son 30 iour, & consequemment ce mois comprendra deux nouuelles Lunes.

En Octobre , le 30 , parce que depuis, Dedans , à retourner à L'accord , Triez , est le 30 mot.

En Nouembre , le 28 , parce que depuis , Onze, iusques à Triez , obmettant , Pose ; Triez est le 28 mot.

En Decembre , le 28, pour la mesme raison , parce qu'on compte , Pose.

§. I I.

Trouuer les nouuelles Lunes deuant la reformation du Kalendrier.

DEs 30 mots cy-deffus, il faut ofter les 8 premiers, & les mettre à la fin des autres, aprés le mot (Premier) comme il s'enfuit.

Dedans, Onze, Poëtes, Dix-neuf, Huitains, Choififfez, seize, cymbales, Lefquelles, Trezellerez, Deux, Heures Dix, Iours, Dix-huit, Sepmaines, Chacune, Quinze, Quarillons, Precomptant, Douze, Premier, L'accord, Neuf, Reçoit, Dix-fept, Sexte, Pofe, Quatorze, fTriez.

Mais de la mefme maniere que depuis la reformation du Kalendrier, il faut fupprimer, Pofe ; icy il faut fupprimer le mot, Choififfez, c'eft à dire, aprés les mois qui ont 31 iours.

Il y a encor cette difference, que les mois commenceront par d'autres mots, felon l'ordre cy-deffous.

Ianvier	Février.			
Mars.	Avril.	May.	Iuin.	Iuillet.
Dedans.	Onze.	Poëtes.	Dix neuf	Huittains.

Aouft.	Septemb.	Octobre.	Nouemb.	Decéb.
Seize.	Cymbales.	Lefquelles.	Frezellerez	Deux.

Exemple. L'an premier de l'Ere Chreftienne, où l'on eut 2 de Nombre d'Or, la nouuelle Lune fut

En Ianuier, le 11. parce que, Deux, eft le onziéme mot depuis, Dedans.

En Février, le 9. parce que, Deux, eft le neuviéme mot, depuis Onze, obmettant, Choififfez.

En Mars, le 11.

En Avril, le 9.

En May, le 9, parce que, Deux, est le neuviéme mot, depuis, Poëtes, en comptant, Choisissez.

En Iuin, le 7, parce que, Deux, est le septiéme mot depuis Dix-neuf, en obmettant, Choisissez.

En Iuillet, le 7, parce que, Deux, est le septiéme mot depuis, Huittains, compris Choisissez.

En Aoust, le 5, parce que, Deux, est le cinquiéme mot depuis, Seize.

En Septembre, le 4, parce que, Deux, est le quatriéme mot depuis, Cymbales.

En Octobre, le 3, parce que, Deux, est le troisiéme mot depuis, Lesquelles.

En Nouembre, le 2. parce que, Deux, est le deuxiéme mot depuis, Trezellerez.

En Decembre, le premier, & le 31. parce que. Deux, est le premier mot de son calcul, & le dernier.

Ainsi de toutes les autres années.

CHAPITRE II.

Autre vsage du nombre d'Or.

LE second vsage du Nombre d'Or est, qu'il sert à trouuer les Epactes.

Nous auons dit cy-dessus, que l'année vulgaire de la Lune est excedée de 11 iours par celle du Soleil, parce que celle-cy est de 365 iours, & celle-là seulement, de 354. Ce qui est cause, que quand le Soleil, & la Lune commencent leur année en mesme iour, la Lune acheue la sienne 11 iours plûtost que le Soleil, & recommence sa seconde année. Pour les ajuster donc toutes deux, & pour trouuer les nouuelles Lunes toutes les années, il a fallu adjoûter 11. iours à toutes les années pour le regard de la Lune ; & cette addition s'appelle Epacte, du mot Grec : Ainsi supposé que cette année on eût 1 d'Epacte, l'année prochaine, nous aurions 12 ; celle d'après 23 ; & la suiuante 4 : Car 23 & 11, font 34. D'où si vous ostez 30, qui sont vne Lunaison entiere (ce qu'il faut toûjours faire, quand il se peut) il reste 4 pour l'Epacte ; l'année qui suit aura 15 d'Epacte, & ainsi de suitte.

Or le Nombre d'Or sert merueilleusement à trouuer l'Epacte de quelque année que ce soit, qui soit donnée, soit deuant ou depuis la reformation du Kalendrier.

Depuis la reformation du Kalendrier, diuise par 3 le Nombre d'Or de l'année donnée ; & necessairement il restera de la diuision, ou 1 ; ou 2 ; ou rien.

S'il reste 1, l'Epacte est la mesme que le Nombre d'Or.

S'il reste 2, adjoute 10 au Nombre d'Or.

S'il reste 0, adjoute 20, & tu auras l'Epacte, en ostant 30, s'il est besoin ; C'est ce qu'enseignent ces quatre Vers,

Rien, dix, ou vingt, au Nombre d'Or adjoute
Parti par trois, quand laisse vn, deux, Zero
La somme alors sans autre numero
Te donnera ton Epacte sans doute.

Exemple. Ie veux sçauoir l'Epacte qu'on auoit l'an 1640

Réponse. Ie trouue que l'on auoit 7 pour Nombre d'Or, ie diuise 7 par 3, reste 1, auquel répond, Rien ; donc on auoit 7 d'Epacte, ainsi que de Nombre d'Or

2. Quelle Epacte auoit-on l'an 1650 ?

Réponse. Ie trouue qu'on auoit 17 de Nombre d'Or ; je diuise 17 par 3, reste 2, auquel répond 10 ;

j'adjoute donc 10 à 17, c'est 27 ; Donc on auoit 27 d'Epacte.

3. L'an 1696, combien aura-t'on d'Epacte ?

Réponse. Ie trouue qu'on aura 6 de Nombre d'Or ; je diuise 6 par 3, reste 0, à quoy répond 20 ; j'adjoute donc 20 à 6, c'est 26, Epacte de l'an 1696.

Pour auoir les Epactes deuant la reformation du Kalendrier, il faut comme dessus diuiser par 3 le Nombre d'Or de l'année dont on veut sçauoir l'Epacte ; si de la diuision il reste 1, adjouste 10.

S'il reste 2, adjoute 20.

S'il reste rien, ou 0, adjoute zero, ou rien.

Cela fait, de la somme oste 2, le residu sera l'Epacte ; Ces quatre Vers en feront souuenir.

> *Dix, vingt, ou rien adjoute au Nombre d'Or,*
> *Parti par trois quand vn, deux, o te reste,*
> *Puis de la somme ostes-en deux encor,*
> *Le   residu l'Epacte manifeste.*

Exemple 1. L'an 1500, quelle Epacte auoit-on ?

Réponse. Ie trouue qu'on auoit 19 de Nombre d'Or ; ie diuise 19 par 3, reste 1 ; Consequemment j'adjoute 10 a 1, c'est 11, de quoy j'oste 2, reste 9 pour l'Epacte.

2. L'an 1400.

Réponse. On auoit 14 de Nombre d'Or ; or 14 diuisez par 3, laissent 2 ; j'adjoute donc 20, c'est 34, de quoy j'oste 2, reste 32, & ostant 30, reste 2 d'Epacte.

3. L'an 1149.

Réponse. On auoit 15 de Nombre d'Or, qui diuisez par 3, ne laissent rien ; j'adjoute donc rien à 15, c'est 15, d'où j'oste 2, reste 13, pour l'Epacte.

CHAPITRE III.

Vsage de l'Epacte.

ELle sert à trouuer les nouuelles Lunes en chaque mois, & à sçauoir dire, en chaque iour de
mois, combien de iours on a de Lune.

Remarquez. 1. Que les Lunes sont alternatiuement de 30 & 29 iours ; & comme il y a 12 Lunes en
l'année Lunaire, 6 de ces Lunes font 180 iours ;
& les autres six, 174. En tout 354 iours ; & par vne
suitte necessaire, que comme le vulgaire en comptant
par l'Epacte, fait toutes les Lunes de 30 iours, il se
trompe de 6 iours, & fait l'année Lunaire, non de
354 iours, mais de 360 : Car 12 fois 30 font 360. A
quoy nous remedierons.

2. La maniere d'vser de l'Epacte, est que quand
on veut sçauoir de tel ou tel iour d'vn mois, le quantiéme il est de la Lune : il faut adjouter ce iour là à
l'Epacte, & à cette somme encor adjouter le nombre
des mois qui sont coulez depuis Mars, iusques au
mois dont il s'agit. Cette derniere somme, aprés en
auoir osté 30 autant de fois qu'il se pourra, donnera
le iour de la Lune.

Exemple. Cette année-cy 1666, nous auons 24
d'Epacte ; je demande combien nous tiendrons de
iours de la Lune le 15 Iuin ?

Resp. I'adjoute 15 à 24, c'est 39 : & 4 à 39 à cause
que Iuin est le 4 mois depuis Mars, c'est 43 ; de quoy
j'oste 30, reste 13. Donc le 15 Iuin sera le 13 iour de la
Lune.

Pour remedier à l'erreur vulgaire dont il ac sté

parlé cy-dessus. Remarquez, qu'entre les mois les vns ont 31 iours, les autres 30, à la reserue de Février qui n'en à que 28, aux années communes, & 29, aux années Bissextiles.

Trente, Iuin, Septembre, Nouembre, Avril,
Les autres mois vn dauantage,
Fevrier vingt-huit pour son partage,
Mais vingt, & neuf l'an Bissextil.

Premiere Regle. Depuis Mars inclusiuement, iusques au mois d'Aoust exclusiuement, ne compte point le mois qui a 31 iour, mais seulement ceux qui l'ont precedé depuis Mars. Neantmoins il faudra commencer à les compter, dés le premier iour du mois suiuant, iusques à la nouuelle Lune, qu'il faudra encor y adjouter ce mesme mois suiuant.

Seconde Regle. Depuis Aoust inclusiuement, auquel on commence de le compter seulement, en la nouuelle Lune, qui commencera en luy, il faudra compter les mois qui n'ont que 30 iours, dés leur premier iour, & continuër iusques à la nouuelle Lune du mois suiuant, que l'on commencera de compter ce mois suiuant.

Exemple. Pour l'an 1674, où l'on aura 23 d'Epacte. Le 8 Mars, combien aura-t'on de Lune?

Parce que Mars est le premier mois, & qu'il a 31 iours, ie ne le compte point, & ie dis 8 iours de mois, & 23 d'Epacte, c'est 31, d'où j'oste 30, reste 1. Donc le 8 Mars sera le premier iour de la Lune, ou la nouuelle Lune.

Le premier d'Avril; parce qu'il suit vn mois de 31 iours, ie compte Mars, & ie dis vn mois, vn de mois, & 23 d'Epacte, sont 25. Donc le premier

Avril

Avril sera le 25 de la Lune.

Le 6 Avril; ie commence de compter Avril, & ie dis 2 mois, 6 de mois, & 23 d'Epacte, c'est 31. Donc le 6 sera nouuelle Lune.

Et sur 2 mois, ie compte encor tout le mois de May, parce qu'Avril n'est que de trente iours.

Au premier de Iuin; ie compte sur May, c'est à dire, sur 3 mois; & ie dis, 3 mois, 1 de mois; & 23 d'Epacte, c'est 27 iours de Lune.

Mais le 4 du mesme mois, ie compte Iuin; & dis 4 mois, 4 de mois; & 23 d'Epacte, c'est 31. Donc nouuelle Lune.

Pour Iuillet; ie continuë encor de compter sur Iuin, c'est à dire, sur 4 mois, & ie compte Iuillet, seulement au premier d'Aoust; & à la nouuelle Lune qui se fait en Aoust, ie compte 6 mois.

Pour Septembre; ie compte 7 mois dés le premier iour: Ainsi le premier iour de Septembre nous aurons le premier de la Lune; & le 30, derechef nouuelle Lune.

En Octobre, dés le premier iour ie compte 8 mois, & en Nouembre, ie compte 9 mois dés le premier iour; & en Decembre 10 mois dés le premier iour; en Ianvier 11 mois, en Février 12.

Il est à obseruer, que l'on peut changer d'Epacte, en mesme temps que l'on change de Nombre d'Or, c'est à dire, dés le premier de Ianvier, & garder la methode cy dessus dite.

CHAPITRE IV.

Vsage du Cycle Solaire.

LE Cycle Solaire sert à trouuer la Lettre Domini-cale en quelque année que ce soit. Pour cet effet obseruez la Table suiuante.

Cycles Solair.	1	2	3	4	5	6	7	8
Lettr. Domin.	G F	E	D	C	B A	G	F	E

Cycles Solair.	9	10	11	12	13	14	15	16
Lettr. Domin.	D C	B	A	G	F E	D	C	B

Cycles Solair.	17	18	19	20	21	22	23	24
Lettr. Domin.	A G	F	E	D	C B	A	G	F

Cycles Solair.	25	26	26	28
Lettr. Domin.	E D	C	B	A

En cette Table, tous les Cycles Solaires depuis 1, iusques à 28, sont marquez par ordre, auec les Lettres Dominicales qui leur répondent cellule par cellule.

Quelque année donc qui soit donnée pourueu qu'elle soit deuant la reformation du Kalendrier, c'est à dire, deuant l'an 1582 inclusiuement, iusques au 15 d'Octobre ; il faut pour en sçauoir la Lettre

Dominicale, 1. Trouuer son Cycle Solaire. 2. Le
chercher en cette Table : Car la Lettre qui est en la
cellule qui luy répond , sera la Lettre Dominicale,
qui couroit cette année là , si elle est seule , tout le
long de l'année ; s'il y en a deux , comme il arriue à
tous les ans Bissextils, la superieure a seruy depuis
le premier iour de Ianuier, iusques au 24 Février; &
l'inferieure durant tout le reste de l'année.

Exemple. L'an 4713 de la Periode Iul. lors que
nostre Seigneur nâquit, qu'elle Lettre Dominicale
auoit-on ?

Cette année-là on auoit 9 de Cycle Solaire ; en la
Table ie trouue sous 9 , D, C, donc c'estoit vne année Bissextile ; depuis le premier Ianvier, iusques
au 24 Février, D fut la Lettre Dominicale ; & C
depuis le 24 iusques à la fin de l'année : Ainsi nostre
Seigneur nâquit vn Samedy , car le 25 Decembre est
marqué B.

L'an 1458 de nostre Seigneur, qu'elle Lettre Dominicale ?

Cette année-là on auoit 11 de Cycle Solaire ; en
la Table sous 11 , ou en la 11 cellule , ie trouue A.
Donc ce fut vne année commune , & la Lettre Dominicale fut A.

Depuis la reformation du Kalendrier, à cause du
retranchement de 10 iours, il faut changer la disposition des Lettres, comme il se voit par la Table
suiuante.

Cycles Sol.	1	2	3	4	5	6	7
Lettres Dominic.	C B	A	G	F	E D	C	B
Cycles Sol.	8	9	10	11	12	13	14
Lettres Dominic.	A	G F	E	D	C	B A	G
Cycles Sol.	15	16	17	18	19	20	21
Lettres Domin.	F	E	D C	B	A	G	F E
Cycles Sol.	22	23	24	25	26	27	28
Lettres Domin.	D	C	B	A G	F	E	D

Depuis donc la reformation du Kalendrier, vne année estant proposée. Trouue comme dessus premierement son Cycle Solaire; cherche-le en cette Table, & tu trouueras sous luy la Lettre Dominicale qui court ou doit courir cette année là.

Exemple l'an 1666 nous auons 23 de Cycle Solaire, sous 23 en la Table est C. Donc la Lettre Dominicale est C.

L'an 1690 nous aurons 19 de Cycle Solaire, auquel répond A, donc A sera la Lettre Dominicale.

Mais cette Table n'a cours que iusques à 1700, qu'il faudra derechef changer l'ordre des Lettres.

Ces deux Tables, soit pour deuant la reformation du Kalendrier; soit pour depuis, se peuuent aisément appliquer sur la main.

Pour la premiere; il faut sçauoir ce Vers Latin.

Gaudet, Francus, Equo, Dacus, Cane, Barbarus,
   Arcu.

Ou bien ces mots,

   Garde, Foy, Enuers, Dieu, Cœur, Bien, Assis.

L'vn & l'autre contient sept mots, dont les Capitales sont les sept Lettres Dominicales.

Quand donc tu as trouué sur la main le Cycle Solaire de l'année qui t'est proposée, remarque l'endroit, & commençant par la racine interne du petit doigt mets les deux premiers mots de ces 7 : comme par exemple. (Garde Foy); sur la racine de l'annulaire(Enuers); sur celle du grand grand doigt (Dieu) sur celle de l'Index. (Cœur;) puis retournant à la premiere jointure du petit doigt, (Bien Assis,) sur celle de l'annulaire, (Garde,) & ainsi continuant iusques à l'endroit, où tu auois trouué le Cycle, en mettant toûjours d ux mots sur le petit doigt, toutes les fois que tu y reuiendras, parce que ce sont toutes années Bissextiles, & vn mot seul sur les espaces des autres doigts, parce que ce sont toutes années communes : Car la Capitale du mot qui tombera sur l'endroit de ton Cycle Solaire, sera la Lettre Dominicale de cette année là.

Exemple. L'an de la Per. Iul. 4713 on auoit 9 de Cycle Solaire, parce que 4713 tombe sur la jointure superieure du petit doigt.

I'applique sur la racine du petit doigt, les mots comme dessus (Garde, Foy); Enuers, sur la racine de l'Annulaire, &c. Ie trouue enfin, que les mots, Dieu, Cœur, tombent sur la jointure superieure du petit doit susdite ; donc l'an de la Per. Iul. 4713, les Lettres Dominicales furent D, C.

Depuis la reformation du Kalendrier, c'est à dire depuis l'année 1582, le 1 d'Octobre, il faut appliquer sur les mesmes doigts le Vers suiuant, de la mesme maniere que le precedent.

Culpa, Bonos, Angit, Grandi, Ferit, Exta,
Dolore.

Ou bien ces mots François,

Cœur, Bien, Assis, Garde, Foy, Enuers, Dieu.

CHAPITRE V.

Trouuer les Lettres Dominicales depuis 1700, &c.

NOus auons dit cy-dessus, que de quatre en quatre cens ans, on doit retrancher trois Bissextes, dont le premier se retranchera l'an 1700 ; le second, l'an 1800 ; le troisiéme l'an 1900, l'année 2000, qui suit, demeurant bissextile, & ainsi de quatre en quatre cens ans, les trois premieres centaines ne seront point Bissextiles, comme en l'exemple cy-dessus 1700, 1800, 1900. Ce retranchement d'vn Bissexte, ou d'vn iour, doit changer l'ordre de Lettres Dominicales, parce que par exemple, si l'an 1700 estoit Bissextil, ainsi qu'il auroit esté, si l'on n'auoit reformé le Kalendrier, il auroit eu deux Lettres Dominicales, sçauoir C, B ; la premiere qui auroit serui depuis le premier de Ianvier, iusques au 24 de Février ; la seconde, qui auroit serui depuis le 24 de Février, iusques à la fin de l'année ; Mais parce qu'on luy retranche le iour Bissextil, il n'aura pour Lettre Dominicale, que le C, laquelle seruira durant toute cette année-là, & B sera la Lettre Dominicale de l'année suiuante, c'est à dire, de l'an 1701. C'est pourquoy l'an 1729, au lieu de dire, comme dessus, Cœur, Bien, Assis, il faudra dire :

Dans, Cœur, Bien, Assis, Garde, Foy, Entiere,

La raison est, que depuis 1700 iusques à 1800, il n'y a de Bissexte retranché, que le premier, c'est à dire, que celuy de 1700 : car 1704, 1712, &c. seront tous Bissextils.

Table des Lettres Dominicales, depuis 1700 iusques à 1728 inclusiuement.

Cycles Sol.	1	2	3	4	5	6	7
Lettres Domin.	C	B	A	G	F E	D	C
Cycles Sol	8	9	10	11	12	13	14
Lettres Domin.	B	A G	F	E	D	C B	A
Cycles Sol.	15	16	17	18	19	20	21
Lettres Domin.	G	F	E D	C	B	A	G F
Cycles Sol.	22	23	24	25	26	27	28
Lettres Domin.	E	D	C	B A	G	F	E

F iiij

Table des Lettres Dominicales depuis 1729
iusques à 1800.

Cycles Sol.	1	2	3	4	5	6	7
Lettres Domin.	DC	B	A	G	FE	D	C
Cycles Sol.	8	9	10	11	12	13	14
Lettres Domin.	B	AG	F	E	D	CB	A
Cycles Sol.	15	16	17	18	19	20	21
Lettres Domin.	G	F	ED	C	B	A	GF
Cycles Sol.	22	23	24	25	26	27	28
Lettres Domin.	E	D	C	BA	G	F	E

Table des Lettres Dominicales, depuis 1800 iusques à 1828.

Cycles Sol.	17	18	19	20	21	22	23
Lettres Domin.	E	D	C	B	A G	F	E
Cycles Sol.	24	25	16	17	28	1	2
Lettres Domin.	D	C B	A	G	F	E D	C
Cycles Sol.	3	4	5	6	7	8	9
Lettres Domin.	B	A	G F	E	D	C	B A
Cycles Sol.	10	11	12	13	14	15	16
Lettres Domin.	G	F	E	D C	B	A	G
Cycles Sol.	17	18	19	20	21	22	23
Lettres Domin.	F E	D	C	B	A G	F	E
Cycles Sol.	24	25	26	27	28		
Lettres Domin.	D	C B	A	G	F		

I'ay continüé cette table, afin que depuis 1, iusques à 28 Cycles Solaires, tu eusses toutes les Lettres Dominicales qui leur répondent : Car depuis 1812 inclusiuement, iusques à 1900 exclusiuement, il faudra se seruir des mots suiuans.

Enners, Dieu, Cœur, Bien, Assis, Garde, Foy.

Table des Lettres Dominicales, depuis 1900
incluſiuement iuſques à 1923 *auſſi*
incluſiuement.

Cycles Sol.	5	6	7	8	9	10	11
Lettres Domin.	G	F	E	D	C B	A	G
Cycles Sol.	12	13	14	15	16	17	18
Lettres Domin.	F	E D	C	B	A	G F	E
Cycles Sol.	19	20	21	22	23	24	25
Lettres Domin.	D	C	B A	G	F	E	D C
Cycles Sol.	26	27	28				
Lettres Domin.	B	A	G				

Table des Lettres Dominicales depuis 1924.
inclusiuement, iusques à 2100
exclusiuement.

Cycles Sol.	1	2	3	4	5	6	7
Lettres Domin.	F E	D	C	B	A G	F	E
Cycles Sol.	8	9	10	11	12	13	14
Lettres Domin.	D	C B	A	G	F	E D	C
Cycles Sol.	15	16	17	18	19	20	21
Lettres Domin.	B	A	G F	E	D	C	B A
Cycles Sol.	22	23	24	25	26	27	28
Lettres Domin.	G	F	E C	D	B	A	G

Pour les trouuer sur la main, on pourra se seruir des mots suiuans.

Foy, Enuers, Dieu, Cœur, Bien, Aßis, Garde.

De-là on peut facilement comprendre comme il faudra ranger les Lettres Dominicales, les années 2100, 2200, 2300, parce que la premiere année de ces trois centaines ne sera point Bissextile, quoy que les autres des mesmes centaines le soient de quatre en quatre ans.

CHAPITRE VI.

Autre Table perpetuelle, pour trouuer les Lettres Dominicales depuis l'an 1700 inclusiuement.

	I				II		
Lettres Domin.	D C	B	A	G	F E	D	C

	III						
Lettres Domin.	B	A G	F	E	D	C B	A

Lettres Dominic.	G	F	E D	C	B	A	G F

Lettres Dominic.	E	D	C	B A	G	F	E

    L'vsage de cette Table depend de la suiuante, que l'on peut appeller sa Table de justification.

TABLE

*Pour servir à la Table perpetuelle des Lettres
Dominicales, à commencer en
l'année 1700.*

	Ans de I. Christ.		Ans de I. Christ.
I	1700	I	3700
I I	1800	I I	3800
I I I	1900	I I I	3900
I	2100	I	4100
I I	2200	I I	4200
I I I	2300	I I I	4300
I	2500	I	4500
I I	2600	I I	4600
I I I	2700	I I I	4700
I	2900	I	4900
I	3000	I I	5000
I I I	3100	I I I	5100
I	3300	I	5300
I I	3400	I I	5400
I I I	3500	I I I	5500

1. Cette seconde Table contient les années depuis L'an 1700 de Salut, distribüées par les centaines, ausquelles on doit retrancher le Bissexte, & ausquelles, à cause de ce retranchement, l'ordre des Lettres Dominicales se doit changer. Les centaines ausquelles ce retranchement de Bissexte ne se doit point faire, n'y sont point marquées, parce qu'elles

suiuront le mesme ordre des Lettres, que leur centaine precedente a suiuy durant son cours, si vous en exceptez la premiere année, en laquelle le Bissexte a esté retranché.

2. Vis-à-vis de chacune de ces centaines, qui sont marquées en la Table cy-dessus, est mis l'vn de ces trois chifres Romains, I, II, III, lesquels se rapportent à leurs semblables, qui sont en la Table precedente.

Cela estant ainsi remarqué.

Pour trouuer la Lettre Dominicale de quelque année de Salut que ce soit, pourueu qu'elle ne soit pas au dessous de 1700. Cherche en cette seconde Table l'année qui sera proposée, ou si elle ne s'y trouue pas, prens celle qui luy est la plus proche au dessous, & remarque le chifre ancien qui luy répond à main gauche.

Cela estant fait, aye recours à la Table precedente, c'est à dire, à celle qui est au commencement de ce Chapitre : Car si tu donnes à la cellule qui se trouue sous le chifre ancien que tu as remarqué, l'année que tu as prise en la seconde table, & comptes aprés année par année, & cellule par cellule, le surplus des années qui t'auront esté proposées, en retournant toûjours au commencement de la Table, s'il est necessaire, la cellule où ta supputation finira, t'indiquera la Lettre Dominicale de l'année, que tu cherchois, ou qui t'auoit esté proposée.

Que si la cellule où ta supputation a finy, ne contient qu'vne Lettre, l'année qui t'auoit esté proposée, sera commune : Mais si elle en contient deux, la mesme année sera Bissextile, excepté les années centiémes, ausquelles on doit retrancher le Bissexte, telles que sont celles-là seulement, qui sont marquées en la Table de justification : Car en celles-cy,

à cause qu'elles ne seront composées que de 365
iours, il faudra prendre seulement la Lettre inferieure, parce que la superieure aura eu cours l'année
qui a precedé. Aux autres années centiémes, qui seront Bissextiles, telles que sont celles qui ne sont
point marquées en la Table, il faudra prendre les
deux Lettres.

Exemple premier. Quelle Lettre Dominicale aura-t'on l'an 1709 ?

Ce nombre ne se trouue point en la seconde Table,
c'est pourquoy ie prens 1700, qui est le plus prochain au dessous, auquel répond à main gauche, le
chifre Romain I. ie passe à la premiere Table, &
commençant par la cellule qui répond au mesme
chifre Romain, ie dis sur elle 1700 ; sur la suiuante
à main droite, 1701 ; & ainsi consecutiuement de
cellule en cellule, iusques à 1709, qui tombent sur
la 10 cellule, où il y a F. Donc l'année 1709 sera vne
année commune, & l'on aura F pour Lettre Dominicale.

Exemple 2. L'an 1924, quelle Lettre Dominicale
aura-t'on ?

En la seconde Table, ie prens 1900, son plus prochain au dessous, auquel répond I II ; c'est pourquoy
en la premiere Table ie dis 1900 en la cellule qui répond au mesme chifre Romain, & de-là ie continüe
en auançant de compter iusques à 24 ans, donnant
vn an à chaque cellule, & ie trouue que le 24 tombe
sur la cinquiéme cellule, où il y a F, E. Donc l'an
1924 sera vne année Bissextile, & l'on aura pour Lettres Dominicales F, & E.

Exemple 3. L'an 2200.

Ce nombre se trouue en la Table de iustification,
& le chifre II luy répond ; Et comme sous le mesme
chifre en la Table perpetuelle se trouue F, E, cette

derniere Lettre E seule, sera la Dominicale cette année là, parce que l'année sera commune, & que F aura seruí l'an 2199.

    Exemple 4. L'an 4400.

    Ce nombre n'est point en la Table de justification,
mais bien 4300. plus prochain au dessous, auquel répond le chifre III. Donc en la Table perpetuelle,
ie m'adresse à la neuviéme cellule, qui a le mesme
chifre III; là ie dis 4300, & continüant de cellule
en cellule iusques à 100, pour acheuer 4400, ie trouue que ma supputation finit à la 25 cellule, où sont B,
& A, ces deux Lettres seruiront de Dominicales,
l'an 4400, parce que cette centaine, n'estant point
en la Table, sera Bissextile.

CHAPITRE VII.

Autre Table perpetuelle pour trouuer les Lettres
Dominicales, tant deuant, que depuis la
reformation du Kalendrier.

<table>
<tr><td>V
G
F</td><td>E</td><td>D</td><td>C</td><td>VII
B
A</td><td>G</td><td>F</td><td>E</td><td>D
C</td><td>B</td></tr>
<tr><td>A</td><td>G</td><td>IV
F
E</td><td>D</td><td>C</td><td>B</td><td>VI
A
G</td><td>F</td><td>E</td><td>D</td></tr>
<tr><td>I
C
B</td><td>A</td><td>G</td><td>F</td><td>III
E
D</td><td>C</td><td>B</td></tr>
</table>

Nous

Nous auons montré cy-dessus, au Chap. 4. de ce troisiéme Traité, l'vsage de cette Table, pour ce qui est du temps qui a precedé la reformation du Kalendrier : Mais afin que l'on s'en puisse seruir pour les années posterieures à ladite reformation, la Table suiuante est necessaire.

Table de iustification du Cycle Solaire ancien.

V	1	I I	3600 Bissext.
V	1582	III	3700
Les	dix iours ostez.	I V	3800
I	1582	V	3900
I	1600 Bissext.	V	4000 Bissext.
I I	1700	V I	4100
I I I	1800	V I I	4200
I V	1900	I	4300
I V	2000 Bissext.	I	4400 Bissext.
V	2100	I I	4500
V I	2200	I I I	4600
V I I	2300	I V	4700
V I I	2400 Bissext.	I V	4800 Bissext.
I	2500	V	4900
I I	2600	V I	5000
I I I	2700	V I I	5100
I I I	2800 Bissext.	V I I	5200 Bissext.
I V	2900	I	5300
V	3000	I I	5400
V I	3100	I I I	5500
V I	3200 Bissext.	I I I	5600 Bissext.
V I I	3300	I V	5700
I	3400	V	5800
I I	3500	V I	5900

Quand donc on vous propose quelque année depuis la reformation du Kalendrier, c'est à dire, depuis l'an 1582.

1. Trouuez en le Cycle Solaire par la methode
donnée au Chap 7. ou 10.

2. Regardez en cette Table de justification, si le
nombre d'années qui vous aura esté proposé s'y trouue; s'il y est, prenez celuy des chifres Romains qui
luy répond à main gauche : ou s'il n'y est pas, prenez
le nombre qui en approche le plus au dessous, auec
le chifre Romain qui luy répond, & passant à la premiere Table, prenez le chifre semblable, & de la
cellule qui luy répond inclusiuement, comptez à
droite autant de cellules, qu'il y a d'vnitez au Cycle Solaire de l'année proposée, la cellule où vostre
supputation finira, vous montrera la Lettre Dominicale que vous cherchez Que si en cette cellule là
il n'y a qu'vne Lettre, l'année proposée sera commune : mais s'il y en a deux, cette mesme année sera Bissextile, exceptez les centiémes années, ausquelles il faut retrancher le Bissexte, telles que sont
en la Table celles à costé desquelles n'est pas écrit
ce mot, Bissext. parce qu'en ces années-là, à cause
qu'elles sont communes, il faudra laisser la Lettre
superieure, & prendre seulement l'inferieure pour
toute l'année.

Exemple 1. L'an 1686, Cycle Solaire 15.

Cette année-là ne se trouue point en la seconde
Table, ie prens donc 1600, plus prochain au dessous,
auquel répond le chifre Romain I. & passant à la
premiere Table, depuis le mesme chifre I inclusiuement, ie compte 15 cellules en retournant au commencement de la Table, & la quinziéme tombe en
la septiéme où est la Lettre F : Donc l'an 1686 sera
vne année commune, & aura F pour Lettre Domin.

Exemple 2. L'an 1900, où le Cycle Solaire sera 5.

Ce nombre est en la Table seconde, & le chifre Romain I V luy répond. Donc depuis le mesme chifre en premiere Table, ie compte 5 cellules; la cinquiéme tombe sur celle où est A, G; & parce que 1900 n'a pas en la Table le mot, Bissexte, ie prens G pour la Lettre Dominicale de toute l'année 1900.

Exemple 3. L'an 4800, où le Cycle Solaire sera 21.

Ce nombre 4800, est en la seconde Table, auec ce mot, Bissexte, & le chifre I V à costé gauche. Donc en la premiere Table, ie compte depuis la cellule qui a la marque I V inclusiuement, 21 cellules, & la derniere tombe sur la cinquiéme où sont les Lettres B, A, qui seront les Dominicales l'an 4800.

Et puis que nous auons parlé du changement, qui se doit faire en l'ordre des Lettres Dominicales, il est à propos de parler aussi de celuy qui se fera pour les Epactes, depuis l'an 1700, & au dessus.

CHAPITRE VIII.

Des Epactes depuis l'an 1700 inclusiuement, iusques à 1900 exclusiuement.

NOus auons dit au Chapitre 4. du premier Traité, que le Cycle Lunaire de 19 ans n'est pas si iuste, qu'en l'espace de ces 19 ans la Lune n'anticipe sur le Soleil vne heure & enuiron 27 minutes, & vn iour entier de 24 heures en 315 ans ou enuiró: C'est pour cela qu'en 315 ans, ou enuiron, il faut r'appro-

cher d'vn iour entier la Lune du Soleil, & pour le
faire comme insensiblement, on le prendra dés l'an
1700 iusques en l'an 1900 inclusiuement : Car depuis l'an 1582, qui fut celle de la reformation du
Kalendrier, iusques à l'an 1900 inclusiuement, il y
a 318 ans ; & l'on fera le mesme depuis l'an 1900
iusques à l'an 2100, qu'il y aura encore 300 ans &
plus. Ce r'approchement se fera par le changement
des Epactes : car l'Epacte, qui l'an 1700 deuoit estre
10, ne sera que 9 , & sur celle-là on adjoutera chaque année 11 , iusques à l'an 1900 ; & l'an 1900
qu'elle deuoit estre 0, ou 30, elle ne sera que 29. Ce
qui se voit par les Tables suiuantes.

TABLE

Des Epactes depuis l'an 1700 inclusiuement,
iusque à l'an 1900 exclusiuement.

Nomb. d'Or	10	11	12	13	14	15	16
Epactes	ix	xx	i	xii	xxiii	iv	xv
Nomb. d'Or	17	18	19	1	2	3	4
Epactes	xxvi	vii	xviii	*	xi	xxii	iii
Nomb. d'Or	5	6	7	8	9		
Epactes	xiv	xxv	vi	xvii	xxviii		

En cette Table, les Nombres d'Or sont marquez
en chifres communs, & les Epactes qui leur répondent, en chifres Romains : De sorte que depuis l'an
1700 inclusiuement iusques en l'an 1900 exclusiuement, on n'a qu'à sçauoir le Nombre d'Or, ou le Cycle Lunaire de l'année proposée, & qu'à le chercher

en cette Table, on trouuera deſſous, l'Epacte qui
luy répond.

Remarquez que ſous 1, premier Nombre d'Or ou
premiere année du Cycle Lunaire, il y a cette marque *, ou eſtoile, pour ſignifier que l'année à laquelle
conuiendra le Nombre d'Or 1, il faudra compter
ſur 30 d'Epacte, ou bien ne compter que le nombre
des mois, & les iours des mois, en la maniere que
nous auons dit qu'il falloit compter les mois. Les
Vers ſuiuans en feront ſouuenir.

Rien, dix, ou vingt au Nombre d'or adjoute
Parti par trois, quand laiſſe vn, deux, Zero,
La ſomme vn moins, ſans autre numero
Sera l'Epacte, & ce ſans nulle doute,
Mais vn de Cycle aura trente, ou bien o.

TABLE

Des Epactes depuis 1900 incluſiuement, iuſques
à 2200 excluſiuement.

Nomb. d'Or	1	2	3	4	5	6	7
Epactes	xxix	x	xxi	ii	xiii	xxiv	v
Nomb. d'Or	8	9	10	11	12	13	14
Epactes	xvi	xxvii	viii	xix	*	xi	xxii
Nomb. d'Or	15	16	17	18	19		
Epactes.	iii	xiv	xxv	vi	xvii		

Suppoſé donc que l'on ſçache déja le Nombre
d'Or, ou le Cycle Lunaire de l'année propoſée depuis l'an 1900 incluſiuement, iuſques en l'an 2200
excluſiuement, on n'a qu'à le chercher en la Table

cy-dessus, & en la cellule de dessous on trouuera l'Epacte, qui luy répond, & qui aura cours cette année-là.

Remarquez, que sous le Nombre d'Or 12 , il n'y a point d'Epacte marquée, mais seulement ce signe *, ou cette Estoile, parce qu'en l'année qui aura 12 pour Cycle Lunaire , il n'y aura que zero, ou que 30 pour Epacte, & partant que pour la connoissance de la Lune , il faudra seulement compter les iours du mois, & le nombre des mois, ainsi que i'ay déja dit ailleurs.

Il faut encore prendre garde, que l'Epacte 25 , se trouue au Kalendrier écrite, tantost en chifre ancien de couleur rouge , tantost en chifre moderne de couleur noire. Ce qui se fait , parce qu'il faut prendre tantost l'vne, & tantost l'autre. Il faut prendre la noire quand elle répond à vn Nombre d'Or plus grand que onze, comme quand elle répond à 12, 13, 14, 15, 16, 17, 18, ou 19. Il faut prendre la rouge, quand elle répond à vn Nombre d'Or moindre que onze, comme quand elle répond à 1, 2, 3, 4, 5, 6, 7, 8, 9 , 10, ou 11.

Il se rencontre aussi , que cette Epacte 25 , se trouue six fois à costé de xxiv, & cela , afin que les Lunaisons soient alternatiuement de 30 , & de 29 iours.

Pour vne plus grande facilité à trouuer les Epactes durant tous le temps compris en cette Table, il ne faut que se souuenir de ces quatre Vers suiuans.

Rien, dix, ou vingt adjoute au Nombre d'Or,
Parti par trois quand vn, deux, ou rien te reste,
De cette somme ostez en deux encor
Le residu l'Epacte manifeste.

CHAPITRE IX.

Table perpetuelle du Cycle des Epactes.

P	l	C	c	p	F	f	S	M	i
*	xi	xxii	iii	xiv	xxv	vi	xvii	xxviii	ix

25

A	a	m	D	d	q	G	g	t	N
xx	i	xii	xxiii	iv	xv	xxvi	vii	xviii	xxix

K	B	b	n	E	e	r	H	h	u
x	xxi	ii	xiii	xxiv	v	xvi	xxvii	viii	xix

TABLE.

Pour iustifier la precedente.

Ans de I. Christ.		Ans de I. Christ.	
N	1	S	2900
P	320 Bissext.	S	3000
P	500 Bissext.	r	3100
a	800 Bissext.	r	3200 Bissext.
b	1100 Bissext.	r	3300
c	1400	q	3400
	les dix iours ostez	p	3500
D	1582	q	3600 Bissext.
D	1600 Bissext.	p	3700
C	1700	n	3800
C	1800	n	3900
B	1900	n	4000 Bissex.
B	2000 Bissext.	n	4100
B	2100	l	4200
A	2200	l	4300
u	2300	l	4400 Bissex.
A	2400 Bissext.	l	4500
u	2500	K	4600
t	2600	i	4700
t	2700	i	4800 Bissex.
t	2800 Bissext.	i	4900

Voicy l'vsage de ces deux Tables.

Quand on propose vne année de Iesus Christ, afin d'en sçauoir l'Epacte.

1. Sçachons le Nombre d'Or, ou le Cycle Lunaire qui conuient à cette année-là proposée, & mettons-le à part.

2. Cherchons l'année proposée en la Table de
justification, c'est à dire, en la seconde ; ou s'il ne s'y
trouue pas, prenons le plus prochain nombre au dessous, & remarquons la Lettre qui luy est opposée à
main gauche.

3. Cherchons cette mesme Lettre en la Table
perpetuelle, ou en la Table premiere : Aprés, à la
troisiéme cellule, en retrogradant depuis cette Lettre inclusiuement, comptons 1 de Nombre d'Or ;
2, sur la suiuante à main droite ; & ainsi de suitte iusques au nombre d'Or qui conuient à l'année proposée, & que nous auions mis à part, en faisant & re-
faisant le tour, s'il est necessaire, & en la cellule où
finira nostre supputation, nous trouuerons l'Epacte
de l'année proposée, en comptant aussi pour vne seule Epacte les deux 25 qui sont en la cellule F, afin de
se seruir tantost de celle qui est en chifre Romain,
tantost de celle qui est en chifre commun, suiuant ce
que nous auons dit au Chapitre precedent.

Exemple 1. L'an 1585. qui suit la reformation du
Kalendrier, qu'elle Epacte eut on ?

1. Ie trouue que l'on eut 9 de Nombre d'Or.

2. Parce que 1585 ne se trouue point en la Table
de justification, ie prens 1582, qui est le nombre qui
en approche plus au dessous, & ie remarque à main
gauche, que la Lettre D répond à 1582.

3. Ie cherche D en la Table perpetuelle, ie le trouue en la 14 cellule ; delà donc ie recule trois cellules,
dont D sera la premiere des trois : & sur la cellule a,
ie dis 1 de nombre d'Or ; 2, sur la cellule m ; 3, sur
la cellule D ; & poursuiuant ainsi de cellule en cellule, iusques à 9 Nombre d'Or de l'an 1585, ma supputation finit en la cellule N, où il y a xxix ; donc
l'an 1585, on eut 29 pour Epacte.

Exemple 2. L'an 1700, où l'on aura 10 de Nombre
d'Or,

Ie trouue ce nombre en la Table de justification
auec la Lettre C ; ie passe à la premiere Table, & de
la cellule C, ie recule trois cellules, en y compre-
nant celle de C, & viens à la cellule P ; de-là ie
compte à droite 10 cellules, à cause de dix Nombre d'Or de 1700, & parce que la dixiéme tombe
en la cellule i, où est ix, on aura 9 pour l'Epacte de
l'an 1700.

Exemple 3. L'an 4219, quelle Epacte aura-t'on ?

1. On aura 2 de Nombre d'Or.

2. 4219 ne se trouue point en la Table de justifi-
tion, ie prens donc 4200, auquel répond I, cette
Lettre en la Table perpetuelle est en la seconde cellule, d'où ie recule trois cellules, c'est à dire, iusques à la cellule u, qui est la trentiésme & derniere
de la Table ; là ie dis 1 de Nombre d'Or ; 2, sur la
cellule P, qui est la premiere de la Table, & parce
que là finit le Nombre d'Or de l'an 4219, & que
l'Estoile s'y trouue, ie dis que l'an 4219, on aura
pour Epacte 30, ou zero, c'est à dire, qu'on n'en
aura point, & que pour auoir connoissance de la Lune, il suffira de supputer les iours du mois, & le
Nombre des mois comme on a dit.

Exemple 4. L'an 1924, où l'on aura 6 de Nombre d'Or.

En la Table de justification, ie prens 1900, auquel
répond la Lettre B ; partant si en la Table perpetuelle ie compte 6 Nombre d'or depuis la cellule N, qui
est la troisiéme en reculant depuis la cellule B, ma
supputation finira à la cellule E, où est 24, Epacte de
l'an 1924.

Exemple 5. L'an 1715, où l'on aura 6 de Nombre
d'Or.

En la seconde Table, ie prens 1700, auquel répond la Lettre C : Donc en attribuant 1 de Nom-

bre d'or à la cellule P, qui eſt la troiſiéme depuis C,
& pourſuiuant à droite iuſques à la ſixiéme cellule F,
ie trouue 25, pour l'Epacte de l'an 1715 : & dautant que 6 , Nombre d'or de cette année là , n'excede pas 11 , il faut prendre pour l'Epacte le xxv Romain, qui au Calendrier répond à celuy qui eſt écrit
en rouge.

Exemple 6. L'an 1916, où l'on aura 17 pour Nombre d'Or.

En la ſeconde Table ie prens 1900 , auquel répond
la Lettre B ; ie donne donc 1 de Nombre d'Or à la
cellule N de la premiere Table ; 2, ſur celle de K; 3,
ſur celle de B, &c. 11 ſur la cellule u ; 12 ſur P, &c.
enfin 17 tombera ſur F ; & dautant que le Nombre
d'Or 17 excede onze, des deux 25 qui ſe trouuent en
cette cellule là , il faut prendre celuy qui eſt en chifre commun , lequel au Calendrier répond à celuy
qui eſt écrit de noir.

CHAPITRE X.
TABLE

Pour trouuer le Nombre d'Or de chaque année de Sa-
lut propoſée, en adioutant 1 à la ſomme trouuée.

Ans de l. Chriſt.	Nombres d'Or.	Ans de J. Chriſt.	Nombres d'Or.
1	1	300	15
2	2	400	1
3	3	500	6
4	4	600	11
5	5	700	16
6	6	800	2
7	7	900	7
8	8	1000	12
9	9	2000	5
10	10	3000	17
20	1	4000	10
30	11	5000	3
40	2	6000	15
50	12	7000	8
60	3	8000	1
70	13	9000	13
80	4	10000	6
90	14	20000	12
100	5	30000	18
200	10	40000	5

L'Vſage de cette Table eſt fort aiſé : Car ſi l'année propoſée eſt en la Table, pour en auoir le

Nombre d'or, il ne faut que prendre celuy, qui luy répond à main droite, & y adjouter l'vnité, ainsi qu'il est dit au titre de la Table, cette somme sera le Nombre d'Or, ou le Cycle Lunaire courant cette année-là.

Que si le nombre d'années proposé n'est pas en la Table, il faut prendre celuy qui en approche le plus au dessous, & prendre en mesme temps le Nombre d'Or qui luy répond : Aprés prendre de la mesme maniere les autres nombres. 1. Les centaines. 2. Les dixaines ; 3. Les vnitez ; & recueillir en mesme temps tous les Nombres d'Or, qui leur répondent. Enfin adjouter ensemble tous ces Nombres d'Or remarquez, & de plus l'vnité ; Que si cette somme n'excede pas 19, elle sera le Nombre d'or de l'année proposée ; Mais si elle l'excede, il en faudra oster 19, & ce qui restera, sera le Nombre d'or.

Exemple 1. L'an 400 de nostre Seigneur.

Ce nombre se trouue en la Table, & a à costé 1 pour Nombre d'Or ; i'y adjoute donc l'vnité, c'est 2, Nombre d'or de l'an 400 de salut.

Exemple 2. L'an 1666 de salut.

Ce nombre n'est pas en la Table : Mais comme il est composé de mille ; de six cens ; de soixante, & de six vnitez, lesquels se trouuent separément en la Table, ie prens.

En premier lieu, 1000, & le Nombre d'or qui répond, à sçauoir 12.

En 2. lieu, 600, & le Nombre d'or, qui luy répond, à sçauoir 11.

En 3. lieu, 60, & le Nombre d'or, qui luy répond, à sçauoir 3.

En 4. lieu, 6, & le Nombre d'or, qui luy répond, à sçauoir 6.

I'ajoute ensemble 12, 11, 3, 6, c'est 32, à quoy j'ad-

joute encor l'vnité, c'est 33 ; d'où j'oste 19, reste 14,
Nombre d'or de l'an de salut 1666.

Exemple 2. L'an de salut 2963.

1. Ie prens 5. Nombre d'Or, qui répond à 2000.

2. Ie prens 7, Nombre d'Or, qui répond à 900.

3. Ie prens 3, Nombre d'Or, qui répond à 60.

4. Ie prens encor 3, Nombre d'Or, qui répond à 3.

I'assemble 5 , 7 , 3 , 3 , c'est 18 , à quoy j'adjoute
encor l'vnité , c'est 19, Nombre d'Or de l'an 2963
de salut.

CHAPITRE XI.

Pour trouuer facilement le Cycle Solaire, &
celuy de l'Indiction.

A Cette Table de Nombres d'Or , il est bon d'en
adjouter encor deux autres, d'vn vsage tout
semblable, l'vne pour les Cycles Solaires, l'autre
pour ceux de l'Indiction.

TABLE.

Pour trouuer le Cycle Solaire de chaque année de Salut, en adioutant 9 au Cycle trouué.

Ans de I. Chrift.	Cycles Solaires.	Ans de I. Chrift.	Cycles Solaires.
1	1	300	20
2	2	400	8
3	3	500	24
4	4	600	12
5	5	700	28
6	6	800	16
7	7	900	4
8	8	1000	20
9	9	2000	12
10	10	3000	4
20	20	4000	24
30	2	5000	16
40	12	6000	8
50	22	7000	28
60	4	8000	20
70	14	9000	12
80	24	10000	4
90	6	20000	8
100	16	30000	12
200	4	40000	16

L'vfage de cette table n'eft pas different de celuy de la precedente.

Vne année donc de falut eftant proposée, il faut la cherch.r en la table, & fi elle s'y trouue, il faut

prendre le nombre, qui luy répond à droite en la colomne des Cycles Solaires, & à ce nombre adjouter
9; si cette somme n'excede pas 28 elle sera le Cycle Solaire de l'année proposée; mais si elle excede
28, il en faudra oster 28, & le reste sera le Cycle
Solaire.

Que si l'année proposée ne se trouue pas en la table, il faut faire de mesme qu'il a esté dit cy-dessus
pour le nombre d'or; c'est à dire, prendre 1, les
mille, 2, les centaines; 3, les dixaines, & enfin les
vnitez, & en mesme temps tous les nombres, qui
respectiuement leur respondent en la colomne des
Cycles Sol. Apres les adjouter tous ensemble auec 9.
que si cette somme excede 28, l'excez sera le Cycle
Solaire de l'année proposée, & si la somme n'excede
point 28, elle sera le mesme Cycle.

Exemple 1. l'an 500 de N. S.

Ce nombre se trouue en la table, & à costé il a 24.
I'adjoute donc 9 à 24, c'est 33. d'où j'oste 28, reste
5, Cycle Solaire de l'an 500 de salut.

Exemple 2. l'an 1666.

Ce nombre ne se trouue pas en la table. C'est
pourquoy.

1. Ie prens 1000, & à costé, 20.

2. Ie prens 600, & à costé 12.

3. Ie prens 60, & à costé 4.

4. Ie prens 6, & à costé 6.

I'assemble 20, 12, 4, & 6, auec 9, c'est 51, d'où
j'oste 28, reste 23, Cycle Solaire de l'an de salut
1666.

Exemple 3. l'an de salut 4843.

1. Ie prens 16, qui répond à 4000.

2. Ie prens encor 16, qui répond à 800.

3. Ie prens 12, qui répond à 40.

Enfin ie prens 3, qui répond à 3.

I'assemble

l'assemble 16, 16, 12, & 3 auec 9, c'est 56; d'où j'oste 28, à cause qu'il estoit excedé par 56, il reste 28, qui n'estant plus excedé sera le Cycle Solaire de l'an de salut 5845.

TABLE

Pour trouuer les Indictions &c. en adioustant 3 à l'Indiction trouuée,

Ans de Salut.	Indictions.	Ans de Salut.	Indictions.
1	1	300	0
2	2	400	10
3	3	500	5
4	4	600	0
5	5	700	10
6	6	800	5
7	7	900	0
8	8	1000	10
9	9	2000	5
10	10	3000	0
20	5	4000	10
30	0	5000	5
40	10	6000	0
50	5	7000	10
60	0	8000	5
70	10	9000	0
80	5	10000	10
90	0	20000	5
100	10	30000	0
200	5	40000	10

L'vsage de cette table est de mesme à proportion que celuy des precedentes; vn exemple ou deux le feront voir clairement.

Exemple 1. l'an 1666. qu'elle indiction a-t-on?

1. Pour 1000, ie prens 10, qui est à costé.

2. Pour 600, ie prens, 0,

3. Pour 60, ie prens encor 0.

Enfin pour 6, ie prens 6.

I'assemble 10, 0, 0, 6, auec 3, ainsi que dit le titre, c'est 19; & parce que nombre excede 15, j'oste 15 de 19, reste 4, indiction courante l'an 1666.

Exemple 2, l'an 402 de salut.

1. Pour les 400, ie prens à costé 10.

2. Pour les 2, ie prens à costé 2.

I'assemble 10, 2, auec 3, c'est 15, & par ce que cette somme n'excede pas 15, l'Indiction de l'an 402 de salut fut 15.

CHAPITRE VII.

Trouuer le iour de Pasques en quelque année que ce soit, depuis la Reformation du Kalendrier.

§. I.

CEla se fait par le moyen du Cycle Lunaire, & du Cycle Solaire, pour cét effet il faut supposer.

Que Pasques, selon l'vsage de l'Eglise, est tousiours le premier Dimanche apres la pleine Lune du mois de Mars, c'est à dire, apres le 14 de la Lune de Mars, & que la Lune de Mars, est censée, celle qui se renouuelle depuis le 8 de Mars inclusiuement,

Iufques au 5 Avril auffi incluſiuement. Or par l'v-
ſage du Nombre d'Or, ou du Cycle Lunaire, & de
meſme encor par l'vſage des Epactes, il eſt aiſé de
trouuer le premier iour de la lune de Mars. Le ioue
de Mars auquel la Lune ſe renouuelle eſtant trouué,
il faut y adjouter 13 pour auoir le iour de la pleine
Lune, ou le 14 de la Lune, lequel quatorziéme
iour ne peut iamais eſtre plûtoſt que le 21 de
Mars.

Et comme par l'vſage du Cycle Solaire, on peut
aiſément connoiſtre la Lettre Dominicale de chaque année, le iour de la pleine Lune eſtant connû, on
n'a plus qu'à chercher en quel iour d'aprés tombe la
lettre Dominicale.

Que ſi le 14 de la Lune de Mars ſe rencontre vn
Dimanche, il faut paſſer au Dimanche ſuiuant pour
auoir le iour de Paſques, parce que l'Egliſe ne
veut point conuenir auec les Iuifs, qui celebrent
toûjours leur Paſques le quatorziéme de la Lune
de Mars.

Exemple 1. L'an 1670, en quel iour ſera la feſte de
Paſques?

1. L'an 1670, on aura 18 de Nombre d'Or, &
8 d'Epacte.

2. Par le Nombre d'Or, ie trouue, que la nouuelle Lune ſera le 23 iour de Mars, parce que, Dix-
huit, eſt le vingtroiſiéme mot en ordre parmy les
trente, qui commencent par l'Accord, Neuf, &c.

Ie trouue le meſme par l'Epacte : Car ſi de
30 j'oſte l'Epacte 8, vn moins, c'eſt à dire 7, il reſte
23 pour le premier iour de la Lune ; Et parce que
le vingtroiſiéme iour, eſt entre le 8 de Mars, & le
5 d'Avril, la Lune, qui commence ce iour-là, ſera
celle de Mars.

3. Pour auoir la pleine Lune, j'adjoute 13 à 23,

c'eſt 36 , de quoy ſi j'oſte tout le mois de Mars, c'eſt à dire , 31 iours , il reſtera 5. Donc le cinquiéme d'Avril ſera le 14 de la Lune de Mars, ou la pleine Lune.

Il ne reſte plus qu'à ſçauoir la Lettre Dominicale de l'an 1670. Or on aura 27 de Cycle Solaire, auquel répond E, Et cette Lettre ſe trouue le ſixiéme iour d'Avril. Donc l'an 1670 Paſque ſera le 6. d'Avril.

Exemple 2. Quel iour eut-on Paſque l'an 1598?

1. On eut 3 de Nombre d'Or , & 23 d'Epacte, par conſequent la nouuelle Lune fut le 8 iour de Mars; Car entre les mots, L'Accord, Neuf, &c. Triez, qui répond à 3, eſt le huitiéme en ordre. D'ailleurs , ſi de 30 j'oſte l'Epacte 23 moins vn, c'eſt à dire , 22 , le premier iour de la Lune ſe trouuera de meſme le 8 de Mars.

2. A 8 , j'adjoute 13, c'eſt 21. Donc l'an 1598 la pleine Lune de Mars fut le 21.

3. La meſme année on eut onze de Cycle Solaire, & conſequemment D pour Lettre Dominicale, laquelle ſe trouue au 22 de Mars. Donc cette année-là Paſque fut le 22 iour de Mars.

Exemple 3. En quel iour tombera Paſque l'an 1732?

1. On aura 4. de Nombre d'Or , & 3 d'Epacte. Donc la Lune de Mars commencera le 28 de Mars; & la pleine Lune, ou le 14 de la Lune, ſera le 11 iour d'Avril.

2. On aura 5 de Cycle Solaire , & pour Lettre Dominicale F, E, parce que cette année là ſera Biſſextile ; & comme aprés l'onziéme iour d'Avril E, qui ſeruira pour lors, ſe rencontrera le 13, ce iour-là ſera Paſque l'an 1732.

§. II.

Autre Methode.

C'est par la Septuagesime : Car comme toutes les Festes Mobiles de l'année ont vne connexité entre elles, il s'enfuit que qui trouue l'vne, peut aisément trouuer les autres : & comme la Septuagesime est la premiere il semble que toutes les autres dependent d'elle.

Pour trouuer donc la Septuagesime, en quelque année que ce soit, depuis la reformation du Calendrier.

1. Sçachez par l'Epacte de l'année proposée, le quantiéme de la Lune est le 6 iour de Ianuier, ou le iour des Rois.

2. Ce quantiéme iour de la Lune estant trouué, ostez-le de 40.

3. Ces iours de la Lune estant ostez de 40, comptez, depuis le 6 de Ianuier exclusiuement, autant de iours qu'il y aura d'vnitez en ce qui vous reste de vostre soustraction, & marquez où vostre calcul finira : Car le Dimanche qui sera le plus proche aprés, suiuant la regle que nous auons donnée pour Pasque au §. precedent, sera la Septuagesime.

4. Du iour auquel écherra la Septuagesime, comptez 63 iours en auançant, le soixante-troisiéme sera Pasque.

Exemple. L'an 1684, où l'on aura 13 de Nombre d'Or, & 13 d'Epacte.

1. Ie trouue que le 6 de Ianvier on aura 19 de Lune : car 13 d'Epacte, & 6 de mois font 19.

2. I'oste 19 de 40, il reste 21.

3. I'adjoute 21 à 6 de Ianvier, c'est 27, donc le

premier Dimanche aprés le 27 de Ianvier, sera la Septuagesime.

Or l'an 1684 nous aurons 13 de Cycle Solaire,
& partant B , & A, pour Lettres Dominicales, & B
seruira encor en Ianvier, & comme il se trouue
au 30 iour de Ianuier, ce iour-là sera la Septuagesime.

4. Maintenant pour auoir Pasque de cette année-
là ; jadjoute 63 à 30 de Ianvier, c'est 93 , dequoy
j'oste tout Ianvier, Février & Mars, qui font 91 iours,
parce que Février sera de 29 iours, à cause du Bissexte ; Or 91 estant ostez de 93, il reste 2 du mois
d'Avril. Donc ce iour-là sera Pasque l'an 1684 : Car
A doit seruir pour lors.

Autre exemple. L'an 1705, où l'on aura 15 de
Nombre d'Or ; 4 d'Epacte ; 6 de Cycle Solaire, & D
pour Lettre Dominicale.

1. Le 6 iour de Ianvier, on aura 10 de Lune : car 4
d'Epacte & 6 iours de Ianvier font 10.

2. I'oste 10 de 40, il reste 30.

3. I'adjouste 6 de Ianvier à 30 , c'est 36 , dequoy
j'oste tout Ianvier, c'est à dire, 31 iour, reste 5 de Février ; Donc le Dimanche immediatement suiuant
sera la Septuagesime. Or D Lettre Dominicale de
cette année-là , se trouue au 8 de Février ; donc le 8
de Février sera la Septuagesime.

4. Pour trouuer Pasque , j'adjoute 63 à 8 de Février, c'est 71, dequoy j'oste 59, c'est à dire, 28 iours
de Février, & 31 de Mars , il reste 12. Donc l'an
1705 Pasque sera le 12 d'Avril. En effet, la Lettre D
tombe au 12.

Autre exemple. L'an 1666 , où nous auons 14 de
Nombre d'Or ; 24 d'Epacte ; 23 de Cycle Solaire ; &
C pour Lettre Dominicale.

1. Le 6 de Ianvier on eut 0 de Lune, ou 30 : car 24

d'Epacte, & 6 iours de Ianvier font 30, Lunaison entiere.

2. Zero ou 0 ofté de 40, laiffe 40.

3. I'adjoute 40 à 6 de Ianvier, c'eft 46, dequoy j'ofte tout Ianvier, c'eft à dire, 31 iour, refte 15. Donc le plus proche Dimanche fuiuant le 15 de Février fera la Septuagefime, c'eft à dire, le 21, où tombe C.

4. I'adjoute 63 à 21, c'eft 84, de quoy j'ofte tout Février, & tout Mars, qui font 59 iours, il refte 25. Donc le 25 iour d'Avril fera Pafque; En effet, ce iour-là eft marqué C.

CHAPITRE XIII.

Trouuer Pafque deuant la reformation du Calendrier.

IL faut obferuer deux chofes.

1. Que la Lune de Mars eft celle qui fe renouuelle entre le 7 de Mars inclufiuement, & le 4 d'Avril auffi inclufiuement.

2. Que quand le 14 de la Lune de Mars tombe au Samedy on paffe au 2 Dimanche fuiuant. Cela remarqué il faut fuiure la methode preferite au §. 1. du chap. precedent.

Exemple 1. l'an 15 de falut, on eût 16 de nombre d'Or; 24 d'Epacte; 24 auffi de Cycle Solaire, & F pour lettre Dominicale.

Soit donc que ie me ferue du nombre d'Or, ou de l'Epacte, ie trouue que la nouuelle Lune en Mars fut le 7 iour j'adjoute donc 13 à 7 pour auoir le 14 de Lune, ou la pleine Lune, c'eft 20, & comme, aprés le 20 iour, le premier F tombe au 24, Pasques pour les Chrestiens auroit esté le 24 de Mars.

2. Exemple. L'an de salut 1532. où l'on eut 13 de Nombre d'Or; 21 d'Epacte; 1 de Cycle Solaire, & G, F, pour Lettres Dominicales.

La nouuelle Lune fut le 10 de Mars; & consequemment le 23 fut le 14 de la Lune; & parce que la Lettre Dominicale courante, qui fut F, se rencontre le lendemain, c'est à dire, le 24, on passa à la suiuante, qui tombe au 31, Donc l'an 1532 Pasque fut le 31 de Mars.

On peut encor trouuer Pasque, en trouuant la Septuagesime : Mais il faut obseruer

1. Qu'au lieu d'oster de 40, les iours de la Lune, qu'on auoit le 6 de Ianvier, il les faut oster de 42, & faire comme dessus, sinon que quand la Lune est de 30, il faut oster 30 de 42.

Exemple. L'an 34 de nostre Seigneur on eut 16 de Nombre d'Or; 24 d'Epacte; 15 de Cycle Solaire, & C pour Lettre Dominicale.

Le 6 iour de Ianvier, on eut 30 de Lune : car 24 d'Epacte & 6 iours de Ianvier font 30 : j'oste 30 de 42, reste 12, qui auec les 6 iours de Ianvier font 18; Donc le Dimanche suiuant, c'est à dire, le 24 Ianvier, où est C, fut la Septuagesime.

Que si au 24 de Ianvier j'adjoute 63 iours, c'est 87 de quoy j'oste 59 jours, c'est à dire, 31 de Ianvier, & 28 de Février, il reste 28 pour Mars. Donc le 28 iour de Mars fut Pasque, l'an 34 de salut.

CHAPITRE XIV.

Trouuer toutes Festes Mobiles.

LEs Festes Mobiles sont la Septuagesime; La Sexagesime; La Quinquagesime; Le iour des Cendres, Pasques, l'Ascension; la Pentecoste; la Trinité; la Feste-Dieu, ou du Tres-saint Sacrement. Et comme la Septuagesime est la premiere en ordre, toutes les autres dependent d'elle.

Nous auons déja enseigné aux deux Chapitres precedents, la methode de la trouuer, tant deuant que depuis la reformation du Kalendrier. Le iour donc auquel la Septuagesiéme écheoit estant trouué.

Si vous y adjoutez 7 iours, vous aurez la Sexagesime.

Si vous y adjoutez 14, vous aurez la Quinquagesime.

Si 17, vous aurez le iour des Cendres.

Si 63, le iour de Pasque.

Que si au iour de Pasque, vous adjoutez 39 iours, vous aurez l'Ascension.

Si 49, vous aurez la Pentecoste.

Si 36, vous aurez la feste de la Trinité.

Si 60, vous aurez la Feste-Dieu.

Exemple. L'an 1734, où l'on aura 6 de Nombre d'Or; 25 d'Epacte, qui sera la rouge au Kalendrier; 7 de Cycle Solaire, & C pour Letre Dominicale.

Pour la Septuagesime, ie trouue que le 6 de Inuier on aura 1 de la Lune; Car 6 du mois, & 25

d'Epacte font 31, d'où les 30 estant ostez, il reste 1;
l'oste 1 de 40, reste 39, qui auec les 6 iours de Ianvier, font 45; dequoy j'oste 31 pour le mois de Ianvier, reste 14 de Février. Et parce que le 14 Février
sera pour lors vn Dimanche, il faudra passer au suiuant, qui sera le 21, iour de la Septuagesime.

A 21, j'adjoute 7, c'est 28, donc le 28 de Février
sera la Sexagesime.

Pour la Quinquagesime, j'adjoute 14 à 21 de Février, c'est 35, dequoy j'oste tout Février, c'est à
dire, 28 iours, il reste 7 de Mars, iour de la Quinquagesime.

Le troisiéme iour suiuant, c'est à dire, le 10 de
Mars, sera le iour des Cendres.

Pour auoir Pasques, A 21 de Février j'adjoute 63,
c'est 84, d'où j'oste 28 iours de Février, & 31 de
Mars, c'est à dire, 59, reste 25 d'Avril, iour de
Pasques.

Pour auoir l'Ascension à 25 d'Avril j'adjoute
39, c'est 64, d'où j'oste 30 iours pour Avril, & 31
pour May, c'est à dire, 61 iours, reste 3 de Iuin,
iour de l'Ascension.

Si ie voulois sçauoir le iour de la Pentecoste, j'adjouterois 49 à 25 d'Avril, ce seroit 74, dequoy
j'osterois 61, comme dessus, il resteroit 13 de Iuin
pour le iour de la Pentecoste.

Pour le iour de la Trinité, j'adjouterois 56 à
25 ce seroit 81, d'où j'osterois 61, il resteroit 20
de Iuin pour le iour de la Trinité.

Enfin pour la Feste-Dieu, j'adjouterois 60 à 25,
ce seroit 85, dequoy j'osterois 61, il resteroit 24 de
Iuin pour le iour du Tres saint Sacrement.

Et dautant que pour l'Inuention du iour de la
Septuagesime, ou du iour de Pasques, on a besoin
de sçauoir en quels iours des mois tombe la let-

tre Dominicale , afin que l'on ne ſoit point obligé de recourir touſiours au Kalendrier ; i'ay iugé à propos de mettre icy deux petits vers, par l'vſage deſquels on ſera diſpenſé de cette peine;

Ces deux eſpeces de Vers ſont

Ianvier, Février, Mars, Avril, May, Iuin,
Au, Dieu, De, Gloire, Bien, Eſpere,

Iuillet, Aouſt, Septemb. Octob. Nou. Decemb.
Grand, Cœur, Faueur, Aime, De, Faire.

Ces Vers contiennent 12 mots, qui répondent aux 12 mois de l'année, en donnant le premier mot à Ianvier ; le ſecond à Février, & ainſi de ſuite.

La Lettre Capitale de chaque mot, eſt celle , par laquelle commence le mois qui luy répond , c'eſt à dire, la Lettre du premier iour de ce mois-là , laquelle conſequemment ſe trouue auſſi le 8 ; le 15 ; le 22, & le 29 du meſme mois.

Exemple. L'an 1670, la pleine Lune de Mars tombe le 5 d'Avril, & le Dimanche ſuiuant doit eſtre Paſque : Et comme la Lettre Dominicale de l'an 1670 ſera E, j'ay beſoin de ſçauoir en quel iour d'Avril aprés le 5, tombe la Lettre E.

Dans les Vers cy-deſſus, Gloire répond à Avril, & G eſt la Lettre du premier iour. Ie compte donc ſuiuant l'ordre naturel des Lettres, G , A , B , C , D , E , & comme E eſt le 6 iour , le 6 ſera le Dimanche de Paſque.

Autre exemple. L'an 1734, j'ay trouué que la Lettre Dominicale doit eſtre C, & que la Septuageſime doit eſtre le Dimanche apres le 14 de Février , pour donc ſçauoir en quel iour tombera ce Dimanche.

Dans les Vers, le mot, Dieu, répond au mois de

Février, & son premier iour est marqué D, lequel retourne le 15 ; ie donne donc D, au 15 ; E, au 16 ; F, au 17 ; G, au 18 ; A, au 19 ; B, au 20 ; & C, au 21 ; Donc le 21 de Février sera la Septuagesime.

Si ces petits Traitez n'ont pas toute leur perfection, il en faut excuser l'Autheur, qui ne les auoit composez, ou plûtost ébauchez, que pour n'oublier pas tout à fait ce qu'ils contiennent, & non pas pour les donner ab public ; C'est aussi non seulement sans son adveu, mais contre sa volonté qu'ils voyent le iour parce que quelques-vns de ses amis, qui en auoient recouuré vne copie, ont crû qu'il y auoit quelque chose, qui pourroit faciliter vne connoissance, qui d'elle mesme est tres-difficile.

FIN.

Advis.

En la page 112, Exemple 3, au lieu de 4843, lisez par tout 5843 : & au lieu de 4000, lisez 5000.

9 782329 214269